정원인류

- 에덴에서 공공정원까지, 인류가 꿈꿔온 낙원의 역사 -

정해준

빛을여는책방

정원인류

– 에덴에서 공공정원까지, 인류가 꿈꿔온 낙원의 역사

초판1쇄 발행 2025년 6월 30일
초판2쇄 발행 2025년 8월 20일

지 은 이 정해준
펴 낸 이 신일희
펴 낸 곳 계명대학교 출판부
출판등록 제347-1998-1호(1970. 9. 1)
주 소 대구광역시 달서구 달구벌대로 1095
대표전화 053-580-6233
팩 스 053-580-6235
홈페이지 www.kmupress.com

ISBN 979-11-6516-255-9 03520 정가 16,000원

For My Garden, Danielle & Lael.

여는 글: 정원에 들어서며

"땅과 식물을 상대로 일하는 것은 명상과 마찬가지로 영혼을 자유롭게 놓아주고 쉬게 해주는 것입니다."

– 헤르만 헤세의 《정원 일의 즐거움》 중 –

우리는 오랜 시간 동안 끊임없는 노동을 신성시하며, 쉬며 노는 것을 죄악시하던 호모 파베르Homo Faber의 관념 속에 살아왔다. 그러나 지금 우리가 마주한 시대의 전환점에서 필요한 인간상은 '유희하고 놀이하는 인간', 호모 루덴스Homo Ludence다. 물론 놀이가 노동과 대립하는 것은 아니다. 놀이는 노동의 목적을 다른 곳에 두지 않고 그 자체가 목적이 되는 노동이다. 다시 말해 놀이는 노동을 단지 어떤 목적을 달성하기 위한 수단으로 전락시키는 것이 아니라, 노동에 새로운 의미를 부여하여 문화로 승화시키는 매개로 작동한다. 호모 루덴스를 주창한 네덜란드의 문화사학자 요한 하위징아Johan Huizinga: 1872-1945는 인간이 생존을 위한 기계적 삶을 넘어 놀이를 통해 문화와 문명을 발전시켜 왔다는 점에 주목하였다. 인류 역사에서 놀이가 창조적 원동력으로 중요하게 인식되기 시작한 것도 바로 그 때문이다.

오늘날 젊은 세대는 일과 삶의 균형을 이루는 워라밸Work-and-Life Balance을 꿈꾸며, 삶의 질과 자기만족을 중요하게 여긴다. 특히 어린 시절부터 "노는 게 제일 좋아!"를 외치며 자란 뽀로로 세대가 사회의 주류로 성장하면서 이러한 일상에 대한 가치관은 점점 더 강력하게 호모 루덴스적 규범으로 우리 삶의 전반을 지배하는 기준이 될 것이다. 과거에는 더 놀고 싶어도 그럴 수 없었던 시대적 애환을 담아 부르던 노래 속 "노세 노세 젊어서 노세"가, 이제는 더 놀고 싶은 욕망을 마음껏 표현하는 시대적 선언으로 변화한 것이다.

'어떻게 살 것인가?'라는 질문은 '어떻게 잘 놀 것인가?'라는 물음으로 바뀌고 있다. 일과 여가의 경계가 흐려지고, 즐거움과 쉼이 삶의 중심 가치로 떠오른 시대, 우리는 자연스럽고도 지속 가능한 방식으로 일상의 균형을 찾으려 한다. 그것은 무분별한 쾌락의 추구가 아니라, 사람과 사회, 자연이 조화를 이루는 삶에 대한 새로운 감각에서 비롯된다.

그렇다면 이 시대에 개인의 삶을 풍요롭게 하고, 공동체를 이어주며, 인간과 자연을 다시 연결하는 지혜는 어디에 있을까? 그것은 바로 '정원'이다.

정원, 이상향을 꿈꾸고 재현하다

정원을 뜻하는 서구의 단어들인 garden영, garten독, jardin불은 모두 히브리어의 gan과 oden 또는 eden의 합성에서 유래했다. gan은 울타리 또는 보호guard를 의미하며, eden은 즐거움과 기쁨이 넘치는 낙원을 뜻한다. 한편 한자문화권에서 정원을 의미하는 한자 園의 부수인 큰 입구口는 공간을 둘러싸는 행위를 의미하며, 서구어의 gan과 맥을 같이 한다. 결국 정원이란 자연을 생활의 일부로 끌어들여 외부의 위험으로부터 안전하게 보호받으며, 평화롭게 휴식하고 삶의 즐거움과 행복을 만끽할 수 있도록 만든 특별한 공간인 것이다.

에덴Eden은 『구약성서』 창세기에 등장하는 최초의 정원이다. 성서에 따르면, 하나님은 인간을 창조한 뒤 에덴에서 살게 하였다. 그곳은 울창한 나무와 들판, 뛰노는 동물들과 하늘을 나는 새들로 가득한 풍요롭고 평화로운 공간이었다. 그러나 아담과 하와가 하나님이 유일하게 허락하지 않은 선악과를 먹는 죄를 저질렀고, 그 대가로 에덴에서 쫓겨나는 형벌을 받게 되었다. 이후 인류는 척박한 자연 속에서 노동과 질병, 죽음이라는 고통을 감내하며 살아가야 했다. 에덴에서 추방된 이후, 인류는 현실의 고통 속에서 잃어버린 낙원을 그리워하며, 이상과 현실 사이의 틈을 메우기 위해 끊임없

The Garden of Eden, 루카스 크라나흐(1530년 작, Cranach Digital Archive). 성경에 기록된 최초의 정원 에덴은 인류가 끊임없이 재현하려 노력해온 이상적인 낙원의 원형이 되어왔다.

이 노력해 왔다. 그 열망은 언제나 에덴으로의 회귀를 향해 있었다.

정원의 현실적 기원은 인류가 농경을 시작하고 한곳에 정착하면서 맹수나 외부의 위협으로부터 자신을 지키기 위해 담장을 세운 데서 비롯되었다. 이는 일상의 안녕을 확보하기 위한 최소한의 안전장치였다. 인류의 생활방식이 점차 집단화되고 큰 강 유역을 중심으로 문명이 발달하면서, 정원은 생존 수단을 넘어서 각 문화가 가지는 종교적, 사회적 이상향을 지상에 재현하는 수단이 되었다. 제한된 자연환경 속에서도 담장으로 둘러싼 작은 공간에 꽃과 나무를 심고 물길을 만들어 가꾸면서 사람들은 자연을 모방하고, 그것을 삶의 다양한 활동과 연결 지어 배우고 창조했다. 이러한 과정을 통해 인류는 생존을 위한 노동의 차원을 넘어 정원을 경영하며 삶에 특별한 의미를 부여했다. 결국 정원은 인류 역사에서 노동과 놀이의 경계가 허물어진 호모 루덴스의 진정한 본질을 보여주는 상징이 되었으며, 개인과 공동체가 꿈꾸는 '이상'을 표현하는 공간이 되었다.

이상향의 재현인 정원은 시대와 장소에 따라 다채롭게 변화해 왔다. 지형과 기후, 주변에서 얻을 수 있는 재료 등 자연적 조건뿐 아니라 종교와 철학, 주변 지역과의 교류나 갈등, 사회 주류의 사상과 문화예술, 건축 양식 등 다양한 인문적 환경에 따라 끊임없이 그 모습을 달리해 왔다. 특히 19세기 산업혁명과 급속한 도시화는 정원을 개인의 이상과 휴식의 장소에서, 공동체의 삶을 품고 환경 문제에 응답하는 사회적 공간으로 확장시켰다. 최근 주목받고 있는 커뮤니티 정원, 치유 정원, 생태 정원 등은 단절된 자연과의 관계를 회복시키며, 현대인의 정서적 안정을 돕고 삶의 질을 향상시키는 데 기여하고 있다. 더불어 이들 정원은 공동체의 결속력을 높이고, 사회의 성숙과 안전을 뒷받침함으로써 초고도 기술사회 속에서 인간 중심의 문화를 회복하려는 정원의 새로운 역할을 보여준다.

우리, 다시 정원을 만나다

한국의 정원 문화는 2013년 순천만 국제정원박람회를 계기로 다시금 주목받기 시작했다. 본래 우리에게도 오랜 역사와 함께 이어져 온 깊이 있는 정원문화가 존재했다. 그러나 일제강점기와 한국 전쟁, 국토 재건과 산업화의 격동의 시기를 겪으면서, 인구의 절반 이상이 아파트에 거주하게 된 현대적 주거 환경 속에서 정원은 그 의미를 잃고 '갈빗집 가든'처럼 가벼운 소비 공간으로만 여겨졌다.

국가 부도 위기라는 1997년 외환위기는 대한민국 전체에 큰 충격을 주었지만, 아이러니하게도 생활 공간 속 정원이, 그것도 '프리미엄' 정원이 여기저기에 조성되는 계기가 되었다. 경기 부양을 위한 도시 녹화, 공원 조성, 생태복원 등의 정부 주도 사업이 활발히 추진된 데다, 위기에 처한 민간 건설사들이 아파트 분양 경쟁에서 살아남기 위해 고급 조경 공간을 차별화 전략으로 활용하면서 도시 곳곳에 화려한 정원이 들어섰다. 그러나 이러한 흐름은 정원을 일상 속에서 함께 가꾸고 누리는 문화로 확산시키기보다는, 소비를 자극하는 수단으로 인식하게 하는 수준에 머물렀다. 그 결과 정원은 고급 주택의 높은 담장 안에 자리한 잔디밭과 연못, 잘 다듬어진 수목으로 구성된 일상과 동떨어진 전시성 공간으로 인식되는 한계를 가지게 되었다.

2015년 「수목원정원법」 개정을 계기로 정부 차원에서 정원 문화와 산업을 활성화하기 위한 의미 있는 발걸음이 시작되었다. 순천만과 태화강이 국가정원으로 지정되고, 전국 곳곳에서 다양한 정원 박람회가 열리면서 정원 문화가 활기를 띠고 있다. 그러나 이런 움직임이 주로 정부와 전문가의 주도로 빠르게 추진되면서, 정작 시민들이 일상에서 쉽게 참여하

순천만 국가정원. 2013년 순천만 국제정원박람회를 계기로 조성된 이 정원은 한국에서 정원 문화가 다시 확산되는 중요한 전환점이 되었다. ©정해준

고 창의적으로 가꾸는 자생적인 정원 문화는 아직 충분히 자리 잡지 못한 아쉬움이 남는다. 이제 우리에게 진정 필요한 것은 화려하고 규모 있는 정원보다는 일상 속에서 자연과 교감하며 직접 손으로 흙을 만지며 가꾸는 소박하고 지속 가능한 정원 문화이다.

이러한 가운데, 평범한 골목길이 주민들의 손길로 꽃피운 특별한 정원으로 탈바꿈한 사례가 있다. 대구광역시 서구 비산동의 '골목 정원'이 바로 그 주인공이다. 불과 몇 년 전만 해도 비산동 날뫼골은 대구에서도 손꼽히는 낙후 지역이었다. 젊은이들은 하나둘 마을을 떠났고, 남은 이들마저 점차 줄어들면서 빈집이 늘어나고 골목길은 방치된 쓰레기로 쌓여갔다. 그러던 어느 날, 몇몇 주민들이 집에서 키우던 화분을 골목에 내놓기 시작하며 작은 변화의 조짐이 나타났다. 무관심했던, 오히려 핀잔을 주었던 이웃들도, 밝아진 골목의 분위기에 점차 마음을 열기 시작했다. 그렇게 1년이 채 되지 않아 60가구가 넘는 주민들이 골목 정원 가꾸기에 동참

대구광역시 서구 비산동의 골목정원. 지역 주민들이 자발적으로 꽃과 화분을 내놓으며 시작된 이 정원은, 주민 공동체의 회복을 넘어 지역의 명소로 자리 잡으며 일상 속에서 정원이 가진 사회적 힘과 가능성을 보여주고 있다. ©대구광역시 서구청

했다. 어두워지면 사람들이 지나기를 꺼리던, 그들의 표현대로 '비루했던' 골목이 이제는 이웃들의 손길로 가꾼 꽃과 나무들로 가득한 정원으로 변모하며, 이제는 지역을 대표하는 따뜻한 명소로 다시 태어났다. 이처럼 정원은 우리의 평범한 일상 속에서 피어날 때, 공간은 숨을 쉬고 자라서 우리의 삶을 더욱 풍요롭고 아름답게 만드는 놀라운 힘을 발휘한다.

이 책의 여정을 시작하며

과거의 흔적은 오늘을 가능하게 한 씨앗이자 내일로 향하는 힘이다. 눈앞에 선명히 드러나지 않더라도, 과거는 현재에 깊숙이 스며들어 살아 있는 실체로서 우리 삶 전체에 영향을 미친다. 이 책은 과거의 정원이 품고 있는 다양한 이야기를 통해, 오늘날 우리의 삶과 문화 속에서 정원이 어떤 의미를 지니고 있으며, 앞으로 우리와 함께 어떤 길을 걸어갈 수 있을지 함께 생각해보는 여정이다.

고대 이집트와 메소포타미아에서 시작된 정원의 이야기는 고대 그리스와 로마, 르네상스와 바로크 시대를 거쳐 근대의 공공정원으로 이어지며 인류의 역사와 함께 풍성하게 펼쳐졌다. 개인의 꿈과 철학을 표현한 정원부터 많은 사람의 이상과 공동체의 가치를 담은 현대의 공원까지, 정원은 시대마다 각기 다른 모습을 띠며 인류의 삶과 문화를 반영해 왔다. 이 책은 정원이라는 공간을 통해 인간과 자연의 관계, 공동체의 정신, 그리고 시대적 가치가 어떻게 변화해 왔는지를 시대의 흐름 속에서 조망하고자 한다. 더불어 정원이 품고 있는 역사와 이야기를 통해 오늘의 삶을 이해하고, 내일을 위한 지혜와 통찰을 함께 찾아가고자 한다.

이 책, 『정원인류』는 바로 이러한 맥락에서 정원을 통해 인류의 과거와 현재, 그리고 그 너머의 가능성을 탐구하는 여정이다. 정원의 역사와 문화를 따라 걷다 보면 우리가 어떤 존재이고, 앞으로 어떻게 살아가야 하는지에 대한 또 다른 시선을 얻게 되리라 기대한다.

책은 2019년 8월부터 약 1년간 『영남일보』 주말 섹션에 연재한 『정해준의 정원 인문학』을 바탕으로 하고 있다. 당시 지면에 미처 담지 못했던 이야기들을 새롭게 추가하고, 글을 다듬어 독자에게 더욱 풍성한 내용으로 전하고자 했다. 매달 눈 깜짝할 사이에 찾아오는 마감에도 늘 인내와 따뜻한 환대로 함께해 주신 유선태, 임성수 기자님께 진심으로 감사드린다.

미숙한 부분이 많았음에도 출간 기회를 열어 준 계명대학교 출판부에 깊은 고마움을 전한다. 일정이 지연되는 상황에서도 세심하게 원고를 살피고 다듬어 준 최상근 선생님의 노고에 감사한다. 원고의 구성과 전개에 많은 조언을 해주고, 책을 풍성하게 만들어 준 사진 자료를 아낌없이 제공한 리케이온 김수진 박사님의 도움이 없었다면 이 책은 결코 완성될 수 없었을 것이다. 계명대학교 생태조경학과의 학생들과 교수님들, 무엇보다 언제나 서로에게 든든한 지지자가 되어 준 연구실 식구들에게도 고마운 마음을 전한다.

학문의 여정에서 늘 근원적 물음을 던지도록 자극해 주었던 셰필드 대학교University of Sheffield의 얀 우드스트라Jan Woudstra 교수님의 가르침을 마음 깊이 새긴다. 무엇보다 앞서 선배 학자들이 오랜 노력으로 일구어 놓은 터와 아름다운 정원 위에, 나의 작은 이야기를 더할 수 있어 참으로 다행스럽고 감사한 마음이다.

마지막으로 언제나 변함없이 따뜻한 격려와 사랑을 보내 준 가족에게 깊은 고마움을 전한다. 이 모든 순간이 가족과 함께했기에 더욱 의미 있었다.

이제 정원의 길목에서, 이 책을 손에 든 독자와 함께 걸으며 그 여정을 시작하고자 한다.

2025년 6월

정해준

차 례

1장

고대 이집트:
인류 문명 발생과 정원

1장

고대 이집트: 인류 문명 발생과 정원

사막에서 피어난 문명과 나일강의 선물

호모 루덴스Homo Ludens는 그들 최초의 정원을 사막에 창조하였다. 기원전 약 3,000년경, 지중해 연안의 북아프리카 나일강 유역, 그리고 티그리스강과 유프라테스강 유역에서 사냥과 채집으로 생존하던 인류는 거대한 강을 따라 농경을 시작했다. 생존의 기본 조건이 충족되자, 사람들은 이 비옥한 땅에 모여들었고, 마침내 도시가 형성되었다. 그리하여 인류는 이곳에서 역사와 문화의 첫 장을 써내려가기 시작했다. 고대 이집트와 메소포타미아의 불모의 땅에 문명이 태동하면서, 인간은 단지 살아남는 존재를 넘어 자연을 상상하고 가꾸는 존재가 되었다. 그 문명의 곁에서, 인류의 첫 정원이 함께 싹을 틔웠다.

나일강은 지금도 그리고 5천 년 전에도 이집트인에게 선물과 같은 존재다. 정확한 주기에 따라 물이 범람하고 빠지기를 반복했던 나일강 유역은 비옥한 토양을 형성하여 농경에 더없이 적합한 환경을 제공했다. 그들에게 푸르게 펼쳐진 나일강변은 생명의 오아시스였고, 강 양쪽의 제방 너머로 끝없이 펼쳐지는 불모의 사막은 죽음의 땅이었다. 다신교 사회였던 고대 이집트에서는 태양신 라Ra와 풍요와 부활을 관장하는 신 오시리스Osiris를 가장 높이 숭배하였다. 농사를 막 짓기 시작한 이들에게 태양은 생명의 근원이면서도, 한순간에 작물을 말려버릴 수 있는 경외와 두려움의 대상이었다. 태양이 지면 죽음의 시간이 찾아오지만, 아침이 되면 어김없이 태양신은 생명의 원천을 허락한다. 매년 여름 정확히 찾아오는 나일강의 홍수는 지상의 모든 것을 쓸어버리지만, 홍수가 지나간 자리에 농부들이 씨앗을 뿌려 새 생명을 탄생시킨다. 남쪽 에티오피아에서 발원하여 북쪽으로 흐르는 생명의 강 나일강을 사이에 두고 동쪽과 서쪽에는 제방 주변으로 생명의 푸른 경작지가, 그 너머에는 죽음의 사막이 펼쳐진다.

녹지와 사막이 극명하게 만나는 나일강의 풍경. 생명의 푸른 땅과 죽음의 황량한 사막이 선명하게 대비되는 이곳에서 고대 이집트인들은 삶과 죽음, 그리고 부활의 신화를 탄생시켰다. ©김수진

부활 신앙과 정원

해마다 어김없이 되풀이되는 생과 사의 순환, 그리고 대칭적인 자연의 질서는 고대 이집트인들에게 균형미에 대한 감각을 심어주었다. 나아가 이 반복은 죽음을 종말이 아닌 또 다른 시작, 즉 더 풍요로운 사후세계를 향한 부활의 여정으로 받아들이게 하였다. 육체와 영혼이 언젠가 다시 결합해 새로운 생명을 얻는다고 믿었던 고대 이집트인들은, 피라미드와 같은 부활을 기다리는 집, 곧 영원의 거처를 짓는 데 깊은 정성을 쏟았다. 그리고 그곳에 되돌아올 영혼을 위해 시신을 미라로 정성껏 보존하였다. 북쪽의 지중해, 남쪽의 산맥, 동쪽의 홍해, 서쪽의 사하라 사막이라는 자연

정원 연못에서의 장례식, 레크미레의 무덤 벽화(1504-1425 B.C)를 재현한 그림(1931년 작, 뉴욕 메트로폴리탄 미술관 소장). 고대 이집트인들에게 정원은 삶과 죽음, 부활을 연결하는 공간이었으며, 생전에 사랑했던 정원에서 죽은 이를 위한 의식을 거행했다. ©Metropolitan Museum of Art / Wikimedia Commons

경계는 오랫동안 외세의 침략으로부터 이집트를 지켜주었다. 이러한 안정된 환경은 고대 이집트 문화가 독자적으로 성장하고 지속될 수 있는 중요한 기반이 되었다.

나일강 주변으로 도시가 건설되면서 정원도 함께 만들어졌다. 건조한 사막 환경에서 제한된 자원을 공유해야 했던 고대 도시의 주민들에게 정원은 곧 식량을 조달하는 중요한 창고였다. 그곳에는 과일과 채소가 재배되었고, 연못 주변에는 종이의 원료로 쓰인 파피루스papyrus가 자랐다. 사막의 모래바람과 해마다 반복되는 나일강의 범람, 외부 침입으로부터 보호하기 위해 정원 둘레에는 높은 담장이 세워지기도 했다.

그들의 그림과 건축, 조각에서 그랬던 것처럼, 고대 이집트인들은 높게 둘러친 담장 안에 자연스럽게 각인된 대칭과 균형의 감각을 발휘하여 탑문pylon을 중심으로 정원을 완전한 대칭 구조로 조성하였다. 정원에는 직사각형 연못과 나무들이 규칙적으로 열을 이루며 바둑판처럼 단정하게 자리 잡아, 이러한 질서와 조화를 더욱 부각시켰다. 사실 수목을 열 지어 심은 것은 한정된 물을 효율적으로 분배하기 위한 실용적 목적도 있었다. 이렇게 만들어진 정원은 풍요로운 나일강 변의 생명의 풍경을 본떠, 신을 위한 성소이자 영원한 삶을 준비하는 개인의 소망을 담은 공간으로 창조되었다. 이후 이러한 정원 양식은 수세기 동안 여러 문화권에서 이상향을 지상에 구현하는 모델로 계승되었다.

내세와 정원, 벽화로 남은 낙원

이집트인들은 현세에서 완성된 삶의 모습이 내세의 영혼에게도 위안을 줄 수 있다고 믿었다. 그래서 삶의 공간 주변에 이상향을 본뜬 정원, 곧 영혼의 안식처를 가능한 한 많이 두고자 했다. 이러한 믿음은 무덤 안에 정교하게 제작한 미니어처 정원을 배치하거나, 벽화에 내세의 정원을 그려 넣는 방식으로 구현되었다. 부활을 기다리는 그 공간은 단순한 장식이 아

멘투호테프 2세(2060-2009 B.C. 통치) 왕의 수석 관료 메케트레의 무덤 안에서 발견된 정원 축소모형(기원전 1981년 경. 뉴욕 메트로폴리탄 미술관 소장). 죽은 자가 내세에서도 정원의 평화와 풍요를 영원히 누릴 수 있도록 연못과 열매 맺는 무화과, 파피루스 형상의 건물까지 정교하게 재현하였다. ©Metropolitan Museum of Art / Wikimedia Commons

니라, 내세의 삶이 시작될 순간을 준비하는 상징적 풍경이었다. 고분 벽화는 현실의 정원을 묘사하는 데 그치지 않고, 죽은 자의 영혼이 떠나야 할 긴 여정을 위한 활력의 원천으로서, 과일이 풍성하게 열린 나무와 푸른 식물이 가득한 정원의 모습을 담고 있기도 했다.

현재 온전하게 남아있는 고대 이집트 정원 유적은 찾을 수 없다. 그나마 그들이 부활을 기다리던 영원한 집, 무덤의 벽화는 지금까지 남아 옛 정원의 모습을 알려주고 있다. 그중 하나가 테베Thebes에 있는 아메노피스 3세Amenophis III, 1410-1372 B.C.의 고위 관료의 묘에서 발견된 센네페르의 정원Sennefer's Garden 벽화다. 정원은 거의 정확히 좌우, 아래위로 대칭적으로 조성되어있음을 볼 수 있다. 정원 가운데에는 뜨거운 태양을 가려 그늘을 드리우고 신을 기리는 포도주를 생산하기 위한 포도 덩굴시렁이 늘어져 있고, 오리가 한가로이 떠다니는 직사각형의 연못에는 연꽃과 함께 가장자리에는 파피루스가 심겨 있다. 연못을 바라보며 청명한 분위기를 즐기기 위해 정자와 같은 키오스크kiosk가 세워져 있고, 담벼락을 따라 무화과, 대추야자, 종려와 같은 녹음과 함께 풍성한 먹거리를 제공하는 수목들이 열을 지어 식재되어 있다.

또 하나의 벽화는 현재 대영박물관British Museum에 소장된 신왕국 제18왕조 투트모세 4세Thutmose IV, 1397-1388 B.C 시대 서기관 네바문의 무덤Tomb of Nebamun 벽화다. 내세來世의 정원을 묘사했다 하여 서천 정원West Garden으로 불리는 이 벽화에서는 당시 정원에 심어진 식물의 종류와 형태를 더욱 세밀히 확인할 수 있다. 벽화 중앙에는 물고기와 오리가 헤엄치고 파피루스와 연꽃이 가득한 네모난 연못이 그려져 있고, 그 주변으로는 돌무화과, 대추야자, 둠야자 등이 질서 있게 심어져 있다. 고대 이집트인에게 푸른 식물은 뜨겁고 메마른 사막과 대비되는 생명의 상징이었다. 예컨대 풍요와 부활

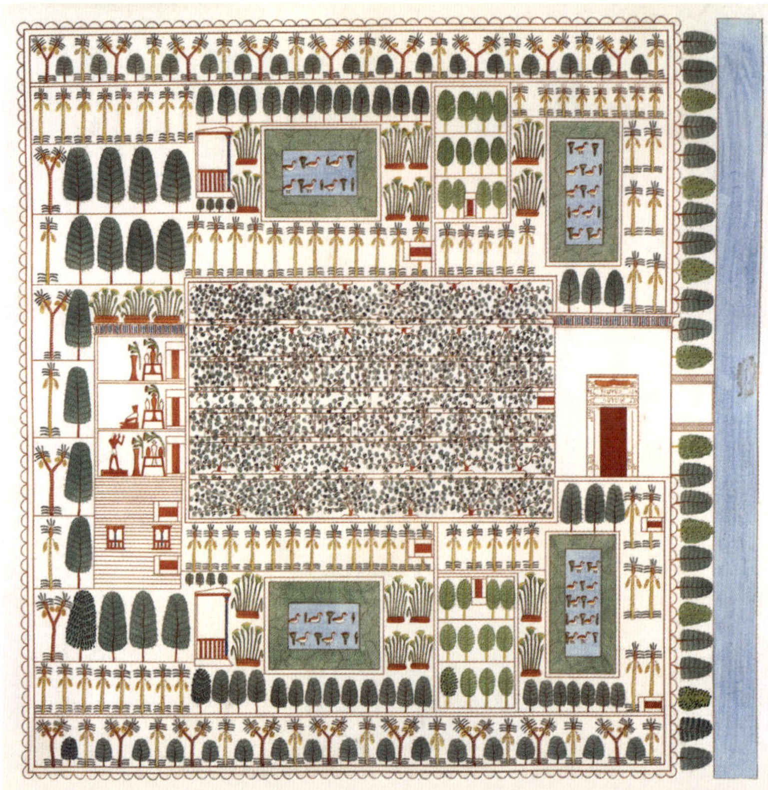

센네페르의 무덤(기원전 1,350년 경)의 벽화를 이집트 학자 아폴리토 로젤리니가 재현한 그림(1834년 작, 원본은 소실된 상태임). 탑문을 중심으로 포도 시렁과 무화과, 대추야자 등 유용한 식물과 연못이 정확히 대칭을 이루고 있으며, 그늘을 제공하는 키오스크가 마련된 모습이다.
©Gmihail / Wikimedia Commons

의 신 오시리스의 피부가 녹색으로 표현된 것도 이러한 생명력에 대한 관념을 반영한 것이라 할 수 있다. 특히 돌무화과는 산 자와 죽은 자 모두에게 나무 그늘 아래에서의 안식을 준다고 믿어 신성시되었다. 벽화의 우측 상단에 돌무화과 나무 아래에 하늘의 여신이자 죽은 자의 수호신인 오시리스의 어머니 누트Nut가 무덤 주인에게 과일을 건네며 맞이하는 장면은

네바문의 정원(기원전 1350년 경, 대영박물관 소장). 연못 주변으로 돌무화과와 대추야자, 파피루스와 연꽃 등 다양한 식물이 질서정연하게 심겨 있으며, 벽화 오른쪽 상단에서 하늘의 여신 누트(Nut)가 무덤 주인에게 과일을 건네며 풍요로운 내세로의 환영을 표현하고 있다. ©김수진

내세의 풍요로운 삶을 염원했던 당시 사람들의 마음을 잘 보여준다. 이밖에도 무화과는 이집트 정원에서 빠질 수 없는 나무였다. 야자나무나 석류나무처럼 열매를 풍성하게 맺거나 많은 씨앗을 지닌 식물은 다산多産의 상징으로 여겨졌다. 풍부한 인력이 곧 재산이었던 고대 이집트 농업사회에서 무화과는 산 자와 죽은 자, 나아가 신을 위한 정원에 심어져 특별한 의미를 부여받았다.

하트셉수트의 장제전, 살아 있는 정원의 흔적

'가장 오래된 정원 유적 중 하나'로 꼽히는 하트셉수트의 장제전Mortuary temple of Hatshepsut은 고대 이집트 정원문화를 직접 확인할 수 있는 드문 사례다. '성소 중의 성소'로 불리는 장제전葬祭殿, Mortuary Temple은 죽은 파라오의 영혼을 기리고 사후세계를 위해 지어진 신성한 공간이다. 기원전 15세기 중엽, 여성 파라오 하트셉수트Hatshepsut, 1504-1458 B.C가 테베 지역현대의 데이르 엘 바하리에 높은 절벽을 등진 세 단의 계단식 테라스와 웅장한 기둥 열주가 조화를 이루는 독특한 장제전을 건설하였다. 학자들은 하트셉수트 여왕이 생전 제단 주변에 나무와 꽃을 심어 신에게 바치는 살아 있는 정원을 조성했을 것으로 추정한다. 실제로 신전 벽에 새겨진 부조와 기록에서, 그녀가

하트셉수트의 장제전 전경. 기원전 15세기 중엽, 여성 파라오 하트셉수트가 지은 신전으로, 신에게 바치는 '살아 있는 정원'을 형성하기 위해 향나무와 몰약나무 등 먼 이국에서 들여온 식물들이 심겼다. 이는 현존하는 고대 이집트 정원의 실제 흔적을 보여주는 드문 사례다. ©김수진

하트셉수트 장제전 벽화에 묘사된 몰약나무 운반 장면. 고대 이집트인들이 먼 이국에서 식물을 공수하여 장제전 주변에 신을 위한 특별한 정원을 조성했음을 보여주는 귀중한 기록이다. ©김수진

동아프리카 고대 왕국인 푼트Punt의 향나무나 몰약나무 등 이국적인 식물들을 이집트로 들여와 심었다는 증거가 확인된다. 하트셉수트 장제전 주변에서 발견된 이러한 나무와 화단의 흔적은 현재까지 확인된 가장 이른 시기의 고대 이집트 정원 유적으로서, 당시의 정원문화를 이해하는 데 중요한 단서가 되고 있다.

이렇게 고대 이집트인들은 나일강과 사막이라는 극과 극의 환경 속에서도 균형 잡힌 아름다움의 정원을 만들어 냈고, 신과 인간, 삶과 죽음을 잇는 독특한 정원문화를 발전시켰다. 정원은 생전의 풍요로움을 사후에도 잇고자 했던 재생再生 신앙과 그들이 꿈꿨던 영혼을 위한 영원한 낙원이자 삶의 완벽한 재현이었다.

그렇다면, 비슷한 시기에 티그리스와 유프라테스강 사이 메소포타미아 지역에서는 어떤 정원이 펼쳐졌을까? 끝없는 사막과 예측할 수 없는 홍수, 그리고 수많은 민족의 치열한 생존 경쟁으로 인해 이집트와는 또 다른 방식의 정원 문화가 꽃피게 된다. 신들의 도시 우루크의 전설적인 정원, 신과 인간이 만나는 바빌론의 공중정원, 사냥과 축제가 펼쳐지던 웅장한 수렵원까지, 이제 이집트를 떠나 메소포타미아의 살아 숨 쉬는 듯한 정원 이야기 속으로 발걸음을 옮겨 보자.

2장

고대 메소포타미아:
정원문화의 기원

2장

고대 메소포타미아: 정원문화의 기원

비옥한 초승달, 도시 문명이 싹트다

약 1만 년 전, 떠돌이 생활을 하던 인류는 티그리스강과 유프라테스강 사이의 메소포타미아 평원에 정착하여 농경을 시작했고, 이는 문명으로 향하는 첫걸음이 되었다. 이 지역은 바다 건너 나일강 유역과 함께 소위 '비옥한 초승달 지대Fertile Crescent'로 불리는 가장 오래전 문화의 발상지였다. 강은 곧 생명이 되었고, 흙은 사람을 모았다. 이 땅을 차지한 이들은 무기를 내려놓고 농부가 되었고, 땅 위에 마을이 자라 도시가 되었다. 사람들은 서로를 조직하고, 정치가 태동하며 문화가 싹텄다. 하지만 이곳은 지키기에 너무 열린 땅이었다. 사방이 트인 메소포타미아의 평야는 언제나 침입에 노출되어 있었고, 기회의 땅은 동시에 전쟁의 땅이기도 했다. 수많은 민족이 이곳을 차지했다가 밀려났고, 흥망의 파도가 끝없이 이 대지를 흔들었다. 그럼에도 이곳은 포기되지 않았다. 오히려 수많은 삶과 사상이 섞이며, 더 크고 깊은 문명의 용광로로 발전했다. 그리하여 메소포타미아는 인류가 처음으로 함께 살며 문명을 만드는 법을 배운 땅이 되었다.

'비옥한 초승달'이라는 말은 언제나 풍요로움을 연상시킨다. 그러나 그 말 속에 숨겨진 땅의 진실은 생각보다 가혹했다. 티그리스강과 유프라테스강이 잦은 범람으로 양분을 공급해 주었다는 점은 사실이지만, 그 평원 대부분은 습지로 덮여 있어 갈대만 무성했을 뿐, 농경에 적합한 작물이 자라기에는 극히 불리한 환경이었다. 게다가 외적의 침입은 끊이지 않았고, 두 강의 불규칙하고 거센 범람은 종종 도시를 집어삼키는 재앙으로 이어졌다. 이러한 혹독한 자연 조건과 불안한 정세 속에서, 이곳에 본격적으로 도시를 건설하고 문명을 일으킨 민족은 수메르인Sumer이었다.

북쪽의 작은 언덕에 터를 잡고 있던 수메르인들은 기원전 3,000년경, 농사짓기에 적합한 충적토가 풍부한 남쪽 삼각주 지대로 삶의 터전을 옮겼다. 이들은 대기의 변화와 물의 흐름을 읽고, 땅을 다루는데 특별한 재주가 있었다. 먼저, 발이 푹푹 빠지는 갈대밭 사이로 운하를 만들어 늪의 고인 물을 빼내고, 한편으로는 메마른 땅에 물을 끌어들여 마침내 비옥한 대규모의 경작지를 일구어냈다. 예측할 수 없는 홍수를 막기 위해 운하와 함께 튼튼한 제방과 높다란 벽을 쌓는 대규모 토목사업도 병행하였다. 그렇게 수메르인들은 우르Ur, 우루크Uruk와 같은 도시를 곳곳에 건설해 나갔다. 이들의 농경 기술은 쐐기문자 점토판에 상세히 기록되었으며, 토지의 면적과 파종량, 수확량에 이르기까지 구체적인 정보가 남아있다. 이처럼 땅을 읽고 다루는 정교한 기술과 삶의 지혜는, 메소포타미아를 인류 정원 문화의 기원지로 평가받게 한 중요한 기반이 되었다.

전쟁과 재앙 속에서 탄생한 염세적 세계관

자연 재앙에 맞서나가며, 더욱이 힘들게 가꾸어놓은 땅을 호시탐탐 노리는 주변의 세력들과 민족의 흥망이 달린 전쟁을 치러가면서, 고대 메소포타미아 사람들의 세계관이 형성되었다. 수메르인들은 험난한 농경 생활 속에서 끊임없이 닥쳐오는 각종 위기와 고난에 맞서, 생존을 위해 모든 힘을 기울여야 했다. 이처럼 고단한 삶을 살았던 그들에게 고대 이집트인들이 염원하던 내세나 부활은 그저 또 다른 고통의 반복일 뿐이었다. 자연히 수메르 문화는 다소 비관적이고 염세적인 분위기를 띠게 되었으며, 이들은 내세보다는 오히려 현재의 삶에 충실하고자 했다.

기원전 2,000년경 수메르 왕조인 우루크 왕조의 전설적인 왕 길가메시 Gilgamesh, 재위 2900-2700 B.C 추정를 노래한 『길가메시 서사시Epic of Gilgamesh』에서도 죽음 이후를 "지하세계의 침침하고 먼지투성이인 곳"으로 묘사하며, 현세에서 누릴 수 있는 즐거움에 더욱 몰두하라는 메시지가 반복된다. 그들에게 이상향은 죽음 이후에 찾아오거나, 저 너머 상상 속의 그것이 아니었다. 메소포타미아 사람들에게 정원이란 지상에 실현한 현실 속 낙원이자, 고단한 삶에서 벗어나 위안을 얻을 수 있는 탈출구였다.

현실 속 낙원, 수메르의 도시 정원

수메르인들은 메소포타미아 남부 평원에 본격적으로 도시를 건설하면서, 도시라는 공간 그 자체를 푸른 정원으로 조성하려는 독창적인 시도를 하였다. 『길가메시 서사시』에서는 고대 도시 우루크를 '3분의 1은 도시, 3

생명의 나무 아래에서 악사들이 사자와 함께 걷는 모습(기원전 640년 경, 대영박물관 소장). 나무와 동물, 음악이 어우러진 이 장면은 고대 메소포타미아인들이 꿈꾸었던 도시 정원의 낙원적 풍요로움과 평화로운 분위기를 상징적으로 표현한다. ©김수진

분의 1은 정원, 3분의 1은 이슈타르Ishtar 여신의 구역'이라고 묘사하고 있다. 이때 이슈타르는 수메르에서 인안나Inanna로도 불린, 사랑과 풍요, 전쟁을 동시에 관장하는 강력한 여신이었다. 사람들은 그녀에게 바칠 과일과 꽃, 향료를 재배하기 위해 신전 주변에 작은 과수원이나 화단을 마련했고, 때론 신성시되는 야생의 수목까지 옮겨 심었다. 한편 다른 정원 공간에는 일상의 식탁을 책임질 과수와 채소, 허브를 심어 실용적 목적도 추구했다. 이처럼 신을 위한 숲과 생활 정원이 공존한 도시가, 바로 메소포타미아 문명이 지향한 '현실 속 낙원'이었다.

19세기 이후 발굴된 유물에서는, 궁전 깊은 안뜰에서 왕과 신하들이 나무 그늘 아래 연회를 즐기는 장면이 자주 등장한다. 대추야자Date Palm 같은 수목은 줄기와 열매, 잎까지 다양한 용도로 생활 속에서 활용되는 동시에, '생명의 나무Tree of Life'처럼 신성과 풍요를 상징했다. 부조나 석판에 날개 달린 신이 대추야자를 바라보거나 만지는 모습이 새겨져 있는데, 이는 '인간이 기른 자연을 신에게 봉헌한다'라는 메소포타미아적 사고방식을 잘 보여준다. 신전의 뜰에는 야자수, 소나무, 석류나무 등 종교적 상징 식물

정원에서의 연회를 묘사한 부조 벽화(기원전 645년 경, 대영박물관 소장). 포도나무 시렁 아래의 왕좌에 아슈르바니팔과 왕비가 술을 마시고 있고, 정원을 둘러싼 대추야자, 소나무 중 한그루에 패배한 왕의 머리가 걸려있다. ©British Museum / Wikimedia Commons

을 심어 성림聖林, sacred grove을 조성하였고, 신에게 봉헌할 열매를 거두었다. 이처럼 길가메시 서사시에서 신들을 위한 도시의 3분의 1을 정원으로 묘사한 것은 결코 과장이 아니다. 메소포타미아인들은 척박하고 예측하기 어려운 환경 속에서도 도시에 숲과 정원을 조성하여 인간과 신이 만나는 공간으로 만들었다. 이는 끊임없는 자연재해와 전쟁에도 불구하고 자신들의 터전을 이상적인 낙원으로 가꾸고자 한 그들의 처절하고 독창적인 노력이었다.

아시리아의 수렵원과 바빌론의 공중정원

기원전 9세기, 수메르인에 이어 메소포타미아를 차지한 아시리아Assyria인 역시 푸른 녹음에 대한 깊은 동경을 가지고 있었다. 그들은 높이 우뚝 솟은 나무를 세상을 떠받드는 기둥이자 신과 인간 사이를 연결해주는 신성한 존재로 여겼다. 더욱 공고한 계급사회를 형성한 아시리아인들은 왕의 사냥과 오락을 위해 넓은 터에 울타리를 두르고 숲을 가꾸었으며, 다양한 짐승들을 길러 수렵원Hunting Park을 조성하였다. 이곳과 궁전의 정원에는 주변국과의 전쟁에서 전리품으로 획득한 꽃과 나무들이 심어졌다. 사르곤 2세Sargon, 772-705 B.C는 메소포타미아 북쪽 니네베Nineveh에 둘레가 약 13㎞에 이르는 광대한 수렵원을 만들었다. 습지를 파서 거대한 인공호수를 만들고, 파낸 흙으로 언덕을 쌓아 소나무와 사이프러스 같은 위로 쭉 뻗은 나무를 심어 숲을 조성했다. 그리고 언덕 꼭대기에는 수호신을 모시는 신전을 세웠다.

그들에게 사냥은 단순한 놀이가 아닌 신과 교감하는 신성한 행위였다.

사르곤 2세의 수렵원. 니네베에서 발굴된 유적을 유진 플랑딘이 재현한 그림(1849년 작, 뉴욕 공립도서관 소장). 메소포타미아 북부 니네베에 조성된 이 정원은 인공적으로 만든 호수와 숲, 신전으로 구성되어 왕과 귀족들의 사냥과 놀이, 그리고 신과의 교감을 위한 공간으로 사용되었다. ©New York Public Library / Wikimedia Commons

우르의 지구라트. 고대 수메르 도시 우르의 랜드마크인 계단식 신전으로, 신과 인간이 만나는 신성한 장소이자 메소포타미아 문명의 자연관과 종교적 세계관이 집약된 건축물이다. 지구라트 주변에는 왕과 신을 위한 정원이 조성되었으며, 계단식 구조는 바빌론의 공중정원의 디자인의 원형으로 추정된다. ©Michael Lubinski / Wikimedia Commons

아시리아인들은 자연의 '숲'을 Quitsu, '사냥터'와 '정원'을 똑같이 Kiru라고 불렀는데, 이를 통해 사람의 손이 가해진 자연을 곧 정원으로 인식했음을 알 수 있다. 『구약성경』을 보면 "하나님의 동산 에덴에 있는 모든 나무가 다 시기하였느니라"에스겔 31장 9절하며 당시 아시리아의 정원을 에덴동산에 비견하고 있다. 강력한 통치자이자 전쟁터에서의 잔인함으로 주변국을 공포에 떨게 했던 아시리아 왕들이 가장 아름다운 정원을 만드는 경우는 그리 드문 일이 아니었다.

메소포타미아 정원문화의 정수는 바빌론Babylon의 공중정원Hanging Garden이라 할 수 있다. 고대의 세계 7대 불가사의 중 하나로 꼽히는 공중정원은 메소포타미아에서 도시의 수호신에게 바쳐진 계단형 성탑聖塔, 지구라트Ziggurat와 유사한 형태의 건축물 위에 만들어진 정원이다. 메소포타미아 사람들에게 산이란 하늘과 가까운 가장 높은 곳으로 신과 인간 사이의 성스러운 대상이었다. 지구라트는 바로 메소포타미아 평원에 인류가 세운 성스러운 인공 산이었다.

바빌론의 공중정원을 재현한 그림(찰스 밀스 쉘든, 1924년 작). 고향을 그리워하는 왕비를 위해 네부카드네자르 2세가 만든 이 거대한 계단식 정원은 고대 세계 7대 불가사의 중 하나로 꼽힌다. ©Artvee

공중정원은 메소포타미아 문명 후기 신바빌로니아 시대 전성기를 이끌었던 네부카드네자르 2세Nebukadnessar, 642-562 B.C가 고향 메디아의 아름다운 구릉과 푸른 초원을 그리워하던 왕비 아미티스Amytis를 위해 만든 것이다. 비록 결혼동맹으로 맞이한 왕비였지만, 네부카드네자르 2세는 아미티스를 진심으로 사랑했기에 향수병을 앓던 그녀를 가만히 두고 볼 수만은 없었다. 흙 벽돌로 지구라트처럼 계단식으로 쌓아 올려 만든 14,000㎡ 규모의 거대한 건축물에, 각 층마다 갈대층과 납판, 그리고 역청유전에서 얻은 점액상 석유 물질으로 방수 처리를 한 뒤 흙을 채우고, 그 위에 진귀한 나무와 화려한 꽃을 심었다.

도시를 가로지르는 운하에서 복잡한 기계장치로 물을 퍼 올려 급수를 하였는데, 고대 그리스의 시인이었던 스트라본Strabo, 64 B.C-24 A.D의 기록을 통

아슈르바니팔 왕의 정원을 묘사한 부조(기원전 645년 경, 대영박물관 소장, 아슈르바니팔 왕 특별전에 채색되어 전시). 바빌론의 공중정원으로도 추정되는 이 정원에는 촘촘한 관개수로가 설치되어, 고대 메소포타미아인의 뛰어난 물 관리 기술을 잘 보여준다. ©Carole Raddato / Wikimedia Commons

해 아르키메데스Archimedes of Syracuse, 287-212 B.C가 발명한 것으로 알려진 나선 펌프screw pump와 체인 펌프chain pump 같은 기계가 사용되었음을 짐작할 수 있다. 이 기술은 이후 정원 조성에 큰 영향을 준 급수 방식의 원형으로 평가된다. 이렇게 흙 벽돌과 각종 장치로 쌓아 올린 정원의 탑이, 그 장대한 크기가 초록빛 산과 같이 보였다고 고대 그리스의 역사가들이 전하고 있다. 네부카드네자르 2세는 기독교 중심의 서양 역사에서 유대를 정복하고 예루살렘의 성전聖殿을 파괴하며, 유대인들을 노예로 삼았던 성경 속 광기 어린 인물, 느부갓네살 왕으로 등장한다. 주세페 베르디Giuseppe Fortunino Francesco Verdi, 1813-1901의 오페라 나부코Nabucco, 나부코는 네부카드네자르 왕의 이름을 이탈리아식으로 줄여서 부른 것에서는 폭정을 뉘우치고 회심한 왕으로 그려진다. 그러나 또 다른 역사 속에서 그는 사랑하는 이를 위해 거대한 푸른 산과 같은 정원을 조성했던, 낭만적이고 위대한 왕으로 기억된다.

끝없는 평원에서 떠나, 지중해의 바람을 향해

이처럼 고대 메소포타미아 사람들은 척박한 환경과 끊임없는 전쟁 속에서도 도시 전체를 하나의 거대한 정원으로 만들어냈다. 티그리스, 유프라테스강 사이의 평원에는 수많은 왕과 민족이 교차하며 성장했지만, 그들의 정원은 언제나 삶의 마지막 쉼터이자, 신께 봉헌하는 작은 낙원이었다. 특히 바빌론의 공중정원은 오늘날까지도 사람들의 상상력을 자극하는 신비로운 정원의 원형이 되었다.

하지만 정원의 역사는 아직 끝나지 않았다. 이제 시선을 조금 옮겨 바다 건너 지중해로 떠나보자. 메소포타미아의 강렬한 햇빛과 모래바람을 뒤로하고 다다른 푸른 바다와 구릉 위에는 신과 인간이 마치 이웃처럼 공존하던 고대 그리스의 독특한 정원 문화가 기다리고 있다. 신들의 도시 올림포스, 민주주의 광장 아고라, 철학자들이 거닐던 숲 정원까지, 인간과 신의 경계를 넘나들었던 그들의 특별한 이야기를 만나볼 시간이다.

3장

고대 그리스:
정원, 신과 함께

3장
고대 그리스: 정원, 신과 함께

그리스 문명, 공공정원의 시작

기원전 1,100년경부터 기원전 146년, 로마가 그리스를 정복하기까지의 천 년은 고대 그리스 문명이 형체를 갖추어 가는 여정이었다. 크레타의 미노스 문명, 펠로폰네소스의 미케네 문명을 밑거름 삼아, 바다를 끼고 흩어진 수많은 도시국가, 폴리스polis가 하나씩 피어났다. 우리는 앞서 문명의 발생과 함께 상하 계급체계가 공고해지고, 왕과 귀족을 위한 화려한 정원이 형성되었던 이집트와 메소포타미아를 살펴보았다. 그러나 그리스에서는 양상이 달랐다. 민주주의가 태동한 이 땅에서는 공공公共을 위한 정원이 도시 공간 속에 자리 잡았다.

그리스는 지중해 중심의 해양국가다. 본토인 발칸반도Balkan Peninsula 남단을 중심으로 동쪽의 에게해Aegean Sea와 서쪽의 이오니아해Ionian Sea에는 수많은 섬들이 흩어져 있다. 그리스 본토인 펠로폰네소스Peloponnese반도는 평균 해발 600m의 고지대를 품은 산악 지형으로, 그 국토의 70% 이상이 산지로 이루어져 있다. 산맥으로 나눠진 골짜기와 해안의 오목한 분지마다 독립적인 도시가 형성되었고, 이들은 아테네Athens와 스파르타Sparta처럼 폴리스polis라 불리는 도시국가로 발전해 나갔다. 이는 반도형 산악국가라는 점에서 한국과 유사한 자연환경이다. 그래서일까. 그리스와 한국 모두 산에서 시작되는 신화를 품고 있으며, 산을 신과 인간의 경계로 여기는 공통된 세계관을 간직하고 있다. 고조선의 건국 신화에서는 하늘의 신 환인의 아들 환웅이 인간 세상에 뜻을 두고, 태백산 정상의 신단수神壇樹 아래 신들의 도시, 신시神市를 세운다. 그리스 신화 또한 반도 북쪽의 가장 높은 산, 올림포스산Olympus, 해발 2,919m에서 시작된다. 이곳은 '올림포스 12신'이 사는 도시이며, 도데카테온Dodecatheon이라 불린다. 우리가 형세 좋은 산마다 산신山神을 모시듯, 고대 그리스의 각 도시국가도 올림포스 12신 중 하나를 수

그리스 최고봉인 올림포스산의 전경. 해발 2,919m의 미티카스 봉우리를 중심으로 높고 험준한 봉우리들이 이어져 있으며, 고대 그리스인들은 이곳이 올림포스 12신이 사는 성스러운 장소라 믿었다. ©Falk2 / Wikimedia Commons

아테네 아크로폴리스. 높은 언덕 위에 위치한 이곳은 도시를 수호하는 신을 위한 신전과 함께, 도시의 대소사를 신탁을 통해 결정하던 고대 그리스의 신성한 중심지였다. ©Christophe Meneboeuf / Wikimedia Commons

호신으로 삼았다. 신의 영역과 인간 세계를 분리하듯, 이들은 도시 생활 공간과 떨어진 높은 언덕 위에 신들의 도시, 아크로폴리스Acropolis를 세웠다. 그리스인들은 이곳에서 일상의 대소사를 신에게 묻는 신탁 통치를 통해 공동체를 결속시켰다.

고대 그리스의 신들은 인간과 닮아 있었다. 올림포스의 12신 역시 마찬가지였다. 신들은 제우스Zeus를 중심으로 각자의 직분과 고유한 능력을 지녔지만, 동시에 사랑과 미움, 노여움, 질투 같은 인간적 감정에 따라 행동하는 존재로 여겨졌다. 고대 그리스인들은 이 신들이 초월적인 존재라기보다, 인간처럼 기뻐하고 분노하며 살아가는 '인격적 존재'라고 믿었다. 그렇기에 신은 두려움의 대상이기보다는 대화하고 설득할 수 있는, 관계 맺을 수 있는 존재였다. 이처럼 인간과 비슷한 신을 상상하고 받아들였기에, 그리스 사회에서는 종교적 권위가 절대화되지 않았다. 대신 이성과 논리, 그리고 인간 중심의 세계관이 문화와 철학의 중심으로 자리 잡을 수 있었다.

헤스페리데스의 정원, 프레더릭 레이턴(1892년 작, 레이디 레버 아트 갤러리 소장). 황금사과가 열리는 헤스페리데스의 정원은 인간적 감정과 욕망을 지닌 신들이 인간과 일정한 교감을 이루는 고대 그리스 신화 속 정원의 상징적 공간이다. ©Lady Lever Art Gallery / Wikimedia Commons

이러한 배경 아래, 그리스 신화는 종종 신들의 정원을 그려낸다. 황금사과가 열리는 헤스페리데스Hesperides의 정원, 대지와 풍요를 다스리는 데메테르Demeter의 신성한 숲은 모두 인간이 함부로 들어갈 수 없는 신성한 장소였다. 그러나 그곳은 완전히 닫힌 세계가 아니었다. 인간과 닮은 성정을 지닌 신들과의 교감이 허용되는, 신과 인간의 경계가 스치듯 만나는 특별한 공간이었다.

신과 인간이 만나는 정원

고대 그리스의 폴리스는 도시를 수호하는 신을 모신 아크로폴리스Acropolis 언덕을 중심으로, 시민들이 모여 국사를 의논하는 광장인 아고라Agora를 갖춘 민주주의 공동체였다. 폴리스는 인간이 생활하고 정치를 행하는 일상적 공간과 신들이 머무는 성스러운 공간이 시각적, 경험적으로 명확하게 구분되면서도 서로 긴밀하게 연결된 구조였다. 즉, 고대 그리스인들은 신과 인간의 영역이 분리되어 있으면서도 공존하는 독특한 도시 공간을 형성하였다. 아테네의 아크로폴리스나 델포이의 아폴론 신전과 같이 언덕 위에 자리 잡은 신들을 위한 공간에는 성스러운 숲인 성림聖林, sacred grove을 조성하여 신성함을 더하였다. 참나무는 제우스, 월계수는 아폴론, 올리브나무는 아테나 여신과 같이 신전 주변에는 특정 신을 상징하며 숭배의 의미가 있는 나무들이 심어져 숲의 정원을 이루었다. 이러한 정원은 경건한 신성성을 지닌 장소였지만, 그리스 시민들은 지금의 공원과 마찬가지로 자유롭게 성림을 드나들며 휴식을 취하거나 신과 교감하면서 명상을 하기도 했다.

고대 그리스인들에게 인체와 자연의 이상적 비례를 탐구하고, 이를 조각이나 파르테논 신전Parthenon과 같은 건축물에 재현하는 것은 곧 신성에 다가서는 길이었다. 따라서 이들에게 완벽한 신체를 만들고 체력을 기르는 체육 활동은 단지 신체 단련에 그치지 않고, 신성한 가치를 추구하는 또 하나의 경건한 의식이었다. 청년들이 체육훈련을 하던 성림을 김나시온gymnasion이라고 불렀는데, 김나시온을 비롯한 성림 주변에는 신에게 제사를 지내고 폴리스의 단결을 위한 축제와 공연, 체육경기가 빈번하게 열렸다. 기원전 776년, 아크로폴리스가 보이는 올림피아의 제우스Zeus 신전 주

헤라 신전 유적(기원전 590년경). 그리스 올림피아의 성스러운 숲 안에 위치한 이 신전은 신과 인간이 교감하던 고대 그리스 성림(聖林)의 대표적 공간이다. 오늘날에도 올림픽 성화는 바로 이곳에서 채화된다. ©George E. Koronaios / Wikimedia Commons

아테네의 아카데미아 유적. 기원전 388년경 플라톤이 세운 최초의 대학으로, 성림 속 김나시온과 팔라에스트라(Palaestra, 레슬링 학교)가 결합하여 신체, 지성, 덕성을 고루 기르는 전인교육이 이루어진 곳이다. ©George E. Koronaios / Wikimedia Commons

변의 성림에서는 제우스를 위한 제사와 함께 그리스 전역의 도시국가들이 참여하는 5종 경기 축제가 열렸다. 제사와 운동경기는 4년 간격으로 1,000년 동안 계속되었는데, 이것이 바로 올림픽 경기의 기원이 되었다. 지금도 올림픽 성화는 제우스 신상 바로 뒤에 헤라Hêra 신전에서 채화되고 있다.

이렇게 김나시온을 비롯한 성림은 심신을 수련하기에 이상적인 장소였기에 자연스레 젊은이들이 모여들었다. 청년 교육에 힘썼던 소크라테스

플라톤 시대의 아카데메이아(1세기 경, 폼페이에서 발굴, 나폴리 국립 고고학 박물관 소장). 나무가 우거진 아카데미아의 정원에서 플라톤과 제자들이 철학적 토론과 산책을 즐기는 모습이 생생하게 묘사되어 있다. ©Museo Archologico Nazionale di Napoli / Wikimedia Commons

Socrates, 470-399 B.C는 아테네 인근의 김나시온을 자주 찾았으며, 그의 제자인 플라톤Plato, 428-348 B.C은 이곳에 역사상 최초의 대학인 아카데미아Ἀκαδημία를 세웠다. 오늘날 우리가 사용하는 아카데미Academy라는 말은 여기에서 비롯된 것이다.

여기에 아리스토텔레스Aristotle, 384-322 B.C가 활동한 리케이온*Lykeion* 역시 주목할 만한 공간이다. 아테네 교외에 자리 잡은 이곳은 신을 위한 숲과 정원이 어우러진 장소로, 아리스토텔레스는 제자들과 숲길을 거닐며 철학적 대화를 나누었다. 페리파테오peripateo는 그리스어로 '거닐다'를 뜻한다. 아리스토텔레스가 실천했던 걸으며 사유하고 토론하는 철학적 방식은 이후 그의 학파를 가리키는 '페리파토스Peripatos, 소요 학파'라는 명칭으로 남게 되었다. 이처럼 리케이온의 숲과 정원에서 이루어진 '산책 철학'은 고대 그리스에서 자연환경을 학문과 일상 속 교양의 공간으로 적극 활용했던 지혜로운 삶의 방식이었다.

아고라와 개인 정원: 공공성과 실용성의 조화

아고라Agora는 사회 구성원 모두가 참여하는 직접 민주주의의 대명사로 쓰이는 상징적 공간이다. 아고라는 고대 그리스 도시의 종교·예술·경제·정치적 삶의 중심지로 시민들에게 개방된 장소였다. 도시가 막 생겨나기 시작하던 때에 아고라는 신들의 도시인 아크로폴리스 언덕 위에 있었다. 도시에 사람들이 몰려들고 규모가 커지면서 아고라는 언덕을 내려와 시민들의 삶 속, 도시 가운데 넓은 공터에 자리 잡게 된다.

지중해성 기후인 그리스는 연중 온화한 편으로, 여름이 덥기는 하지만 건조하여 그늘을 찾아 들어가면 꽤 쾌적한 편이다. 이에 고대 그리스에서는 시민들의 집 밖을 나와 아고라와 같은 도시의 열린 공간에서 교제하는 일들이 많았다. 기원전 5세기경 아고라에서 야외활동을 즐기는 시민들이 더 늘어나면서 지중해의 뜨거운 태양 빛을 가리기 위해 광장 주변으로 플라타너스를 열을 지어 심었다. 열린 공간에 만들어진 나무 그늘 정원에서 소크라테스와 같은 당대의 학자들이 모여 인간 이성에 대한 철학적 토론과 강의가 이어지면서 현대 서양 사상의 근본이 되는 고대 그리스 철학이 꽃을 피우게 되었다.

아고라 주변에는 시민들이 그늘에서 토론하거나 휴식할 수 있도록, 스토아Stoa라 불리는 주랑 건축이 발달하였다. 기둥이 연속적으로 서 있는 스토아는 햇빛과 비를 가려주는 동시에, 건축 공간이 인접한 마당이나 정원으로 열려 '반半야외 공간'을 형성했다. 이곳에서 제논Zeno of Citium, 334-262 B.C을 중심으로 이른바 스토아 학파Stoicism가 탄생했다. 자연과의 조화를 중시하며 이성을 통해 감정을 다스리는 삶을 추구했던 스토아 학파가 이곳 스토아에서 모여서 토론했던 것 필연적이라 하겠다. 이렇게 쾌적한 야외활동에 최적화된 아고라는 공동체의 다양한 필요를 충족시킬 수 있는 중심지로 진화해나갈 수 있었다.

이후 도시의 규모가 커지고, 시민들 사이를 조정하는 법원과 관공서 같은 행정기관과 교역을 위한 시장이 생겨나면서, 시민들의 공공공간인 아고라 주변에 도서관·의회·신전·야외 음악당 등 공공건축물이 건설되었다. 건물로 둘러싸이게 된 아고라는 시민 생활의 중심이 되는 시장과 사교와 대화의 장이 열리고, 그리스 직접 민주주의에 따라 민회와 시민 재판이 열리는 도시의 핵심 장소로 자리잡게 되는데, 이는 현대 도시광장의 기원으로 보고 있다. 이렇게 아고라는 민주주의의 발생지이자 세계와 인

아테네의 아고라. 아크로폴리스 언덕 아래 펼쳐진 이 열린 공간은 시장과 도서관, 신전, 행정기관 등 다양한 공공시설로 둘러싸여 고대 그리스 시민들의 사교와 토론, 민주주의적 활동이 활발히 이루어지던 도시생활의 중심지였다. ©Mauricio Muñoz / Unsplash

간의 본질을 탐구하는 학문의 본산지로 서양 문화의 기반이 된 것이다.

그렇다면 고대 그리스에는 공공성만을 강조한 나머지 개인 정원은 만들어지지 않았을까? 기원전 8세기경 호메로스Homer가 쓴 현존하는 가장 오래된 서사시, 『일리아스Iliad』와 『오디세이Odyssey』에서 당시 정원의 모습을 유추해 볼 수 있다. 두 작품에는 파이아케스Faiakes의 왕 알키노오스Alcinoos의 정원과 오디세우스Odysseus의 아버지 라에르테스Laertes의 정원이 등장한다. 이 정원들은 신을 경배하기 위해 조성되었지만, 기쁨과 풍요로움이 가득한 삶의 일부이자, 수확으로 생계를 책임지는 실용적인 생활 정원이기도 했다.

또 다른 개인 정원으로 그리스 여성들이 가꾼 아도니스 정원Adonis Garden이 있다. 앞에서 그리스의 신들이 감정에 휘둘리는 인간적 모습을 가지고 있다고 하였다. 그중 아름다움과 사랑의 여신 아프로디테Aphrodite는 아도니스Adonis의 대모였다. 그러나 공사다망했던 아프로디테는 그녀의 양아들 아도니스를 지하의 여신 페르세포네Persephone에게 양육을 부탁하게 된다. 멋진 청년으로 자란 아도니스에게 반해버린 페르세포네는 아도니스와 평생 지하세계에서 지내고 싶은 마음에 아들을 찾으러 온 아프로디테에게 돌려보내기를 거부한다. 두 여신은 다투기 시작했고 제우스는 아도니스에게 남은 인생의 3분의 1은 아프로디테와, 3분의 1은 페르세포네, 그리고 나머지 3분의 1은 그가 원하는 사람과 보내도록 중재한다. 그러나 아도니스는 미의 여신 아프로디테를 선택, 지상에서 삶을 시작한다. 이에 아프로디테와 밀회 관계였던 전쟁의 신 아레스는 아도니스를 질투하게 되고, 아도니스가 사냥놀이를 할 때 아레스는 거대한 멧돼지로 변신하여 아도니스를 공격하게 된다. 아도니스는 피를 흘리며 죽어가고, 뒤늦게 도착한 아프로디테는 그의 피에 신의 술, 넥타를 붓는데 거기서 피어난 빨간 색 꽃이 꽃말이 '허무한 사랑'인 아네모네Anemone이다.

아도니스 정원은 아도니스의 죽음을 기리기 위한 축제, 아도니아Adonia에서 유래한다. 축제에 앞서 그리스의 여성들은 여름철 하지 무렵, 밀이나

아도니아(Adonia) 축제에서 아도니스 정원을 든 여성들이 지붕 위로 올라가고 있는 장면이 묘사된 화병 조각(기원전 430-420년 경, 루브르 박물관 소장). 고대 그리스 여성들은 짧은 생명력을 가진 연약한 새싹으로 아도니스의 덧없는 삶과 허무한 사랑을 상징하며, 이를 기념하여 화분을 지붕 위에 올려놓았다. ©Musée du Louvre / Wikimedia Commons

보리처럼 싹이 쉽게 트는 식물을 깨진 도자기에 싹을 틔운 뒤, 그것을 집 옥상에 올려놓는다. 그러나 연약한 새싹은 강한 여름 햇볕에 말라 죽고, 여성들은 그 화분을 다시 옥상에서 내려와 근처 해변으로 가져가 바닷물에 던져 넣는다. 아도니스는 푸르고 생장하는 세계를 상징한다. 낮의 길이가 가장 긴 하지, 다시 말해 생명의 활력이 정점을 찍고 성숙의 단계로 넘어가는 그 날을 인간의 공간에 신의 정원으로 기념한 것이다. 이러한 전통은 이후 지붕이나 창가를 화분으로 가꾸는 화분 정원Pot garden, 옥상 정원

아도니스를 추모하는 의식에서 여성들이 시들어 버린 화분을 바다로 던지고 있다. 존 라인하르트 웨겔린(1888년 작). 아도니스의 짧고 허무한 생애를 상징하듯 강렬한 태양 아래 말라버린 화분을 바닷물에 던지며 그를 추모하는 고대 그리스 여성들의 의식을 표현했다. ©Wikimedia Commons

으로 발전하게 된다.

여기에 더해, 결혼식이나 제사, 축제 등 가족 의례에 쓰이는 허브나 꽃을 집 앞마당에 직접 심어 재배하는 풍습도 있었다. 이를 통해 신선한 허브 향이나 화초로 의식을 장식하는 것은 물론, '집안에 신이 머무른다'라는 믿음을 실천했다. 결혼식에서는 앞마당에서 기른 아이비, 머틀 등 신부의 화관이나 부케로 활용하기도 하였는데, 이는 사랑과 다산, 행복을 기원하는 의미였다. 이러한 작은 정원이나 화단은 당대 그리스인들이 일상생활 속에서 자연과 교감하며 신성과 실용성을 동시에 추구하는 소중한 공간이 되었다. 정원술에 있어서도 아리스토텔레스의 제자이자 '식물학의 아버지'로 불리는 테오프라스토스Theophrastus, 371-287 B.C는 『식물의 역사Historia Plantarum』와 『식물의 원인On the Causes of Plants』 같은 저작에서, 식물의 분류, 번식법, 환경 적응, 약용 등에 대한 폭넓은 기록을 남겼다. 이를 통해 고대 그리스에서는 이미 정원의 주재료인 식물 생육법이 상당히 체계화되어 있었다고 추정된다. 예컨대, 테오프라스토스는 다양한 작물과 꽃나무의 파종과 접목 방법, 토양과 계절별 물 관리법 등을 상세히 언급함으로써, 농경과 정원 가꾸기를 학문적으로 정리하는 데 앞장섰다. 이러한 지식은 훗날 로마가 그리스 문화를 적극적으로 흡수할 때, 로마 정원술 발전의 토대가 되었다고 볼 수 있다.

고대 그리스 정원의 유산, 그리고 로마로의 길

이처럼 고대 그리스인들은 신과 인간이 자연을 매개로 자유롭게 공존하는 특별한 정원문화를 꽃피웠다. 아크로폴리스 언덕의 성스러운 숲, 아고라 광장의 나무 그늘, 철학자들이 사색하며 거닐던 김나시온과 아카데미아의 정원에 이르기까지, 그들의 삶과 정신은 정원이라는 무대 위에서 활기차게 펼쳐졌다.

그러나 시간이 흘러 기원전 2세기 무렵, 지중해의 패권은 서서히 서쪽을 향해 움직이고 있었다. 거대한 지중해의 한구석, 테베레 강변의 작은 도시국가 로마가 마침내 제국으로 거듭나면서 역사의 주인공이 된 것이다. 이제 로마인들은 그리스의 정원에서 영감을 얻어 그것을 자신들의 방식으로 재창조하기 시작했다. 실용적이고 거대하며, 때로는 화려하기까지 했던 로마식 정원은 어떤 모습이었을까? 이제 제국의 중심으로 들어가, 로마인들이 꿈꾸었던 정원 세계로 함께 떠나보자.

4장

고대 로마: 제국의 정원

4장

고대 로마: 제국의 정원

그리스 해체와 로마의 부상

'세계의 끝'을 국경으로 삼고자 했던 알렉산드로스 대왕Alexander Ⅲ Magnus, 356-323 B.C.의 죽음 이후, 거대한 그리스 제국은 다시 산산이 조각난다. 각지에서 스스로를 후계자라 칭한 이들 사이에 전쟁이 이어졌고, 제국은 다시 도시국가들의 모자이크로 흩어지게 된다. 그 무렵, 이탈리아반도 중앙을 흐르는 테베레강Tevere 동쪽, 일곱 언덕으로 둘러싸인 작은 분지에 한 도시가 태동한다. 전쟁의 신 마르스Mars의 쌍둥이 아들 로물루스Romulus와 레무스Remus는 언덕 중 하나를 차지하고 작은 도시, 로마Roma를 세운다. 라틴족에 의해 건국된 로마는 귀족 중심의 공화정 체제Res Publica Romana를 기반으로 성장했다. 농업의 비약적 발전, 상공업의 활발한 교류, 앞선 토목기술과 강력한 군사력을 바탕으로 한 끊임없는 정복 전쟁으로 로마는 점차 영향력을 넓혀갔다. 마침내 기원전 2세기, 지중해 전역을 장악하며 황제가 통치하는 거대한 패권국가, 로마 제국으로 거듭난다.

그리스 후계자를 자처한 로마는 그들의 신을 그대로 받아들이는 한편, 그리스의 철학과 생활방식 또한 적극적으로 수용했다. 자녀 교육에 있어 그리스인 가정교사를 두는 것을 당연하게 여겼고, 철저히 그리스식 교육을 받도록 했다. 또한 로마는 그리스의 도시국가인 폴리스를 흡수하면서, 건국 초기부터 다양한 민족을 포용하는 정책을 펼쳐 제국으로 성장할 기반을 마련해 나갔다. 로마는 새로운 문화를 창조하기보다는 선진 문화를 수용하고 융합하는 데 탁월한 능력을 보였다. 그리고 이렇게 융합된 문화를 제국 전역과 주변 지역에 확산시키는 문화적 허브로 기능했다. 인간 중심의 가치관을 중시한 고대 그리스 세계관 위에, 로마는 이집트와 메소포타미아, 소아시아 문화까지 흡수하며 독자적인 문화를 형성하고 이를 세계로 퍼뜨렸다.

그러나 인간의 본질을 탐구하며 철학과 예술에 깊이 천착했던 그리스인과 달리, 로마인들은 실용성과 기능, 조직과 질서를 중시하는 냉철한 이성의 민족이었다. 이는 모든 길은 로마로 통하는 강력한 중앙집권적 제국을 가능케 한 기반이 되었다.

호루투스에서 쾌락 정원으로

고대 로마 초기에는 앞선 그리스 시대와 마찬가지로 실용적이고 소박한 호루투스Hortus라는 정원이 만들어졌다. 호루투스는 개인 주택이나 도시의 공공장소에 약초와 채소, 과일나무 등을 심어 가꾼 실용적인 정원을 의미한다. 로마의 작가이자 정치가인 키케로Marcus Tullius Cicero, 106-43 B.C는 그의 저서 『의무론De Officiis』에서 "농업만큼 유익하고, 즐겁고, 자유인에게 적합한 직업은 없다"고 강조할 만큼 농업을 이상적인 삶의 기반으로 여겼다.

실제로 고대 로마 사회에서 농업은 생계 수단을 넘어, 시민의 덕성과 자립을 상징하는 가치로 자리 잡았으며, 이는 작은 도시국가 로마가 제국으로 성장하는 데 중요한 토대가 되었다. 이와 같은 농업의 중요성을 반영하여 로마인들은 농업과 관련된 다양한 이론과 실천적 지식을 문헌으로 기록하였다. 바로Marcus Terentius Varro, 116-27 B.C / 『농업에 대하여(Rerum Rusticarum Libri III)』, 콜루멜라Lucius Junius Moderatus Columella, 4-70 / 『농업에 관하여(De Re Rustica)』, 플리니우스Pliny the Elder, 23-79 / 『자연사(Naturalis Historia)』가 집필한 농서農書들은 토지 관리부터 식물 재배, 가축 사육에 이르는 실질적인 농업 기술을 망라하고 있다. 이러한 농서들은 도시화가 급속히 진행되던 로마 사회에서 자연과 농업의 균형을

리비아의 빌라(Villa of Livia) 정원 벽화(기원전 30-20년 경, 팔라초 마시모 로마 국립박물관 소장). 로마 근교의 한 빌라의 프레스코화로, 식당이었던 실내 벽면 전체에 정원이 세밀하게 묘사되어 있다. 실내 공간임에도 마치 자연 속에 있는 듯한 착각을 불러일으킨다. ©Palazzo Massimo alle Terme / Wikimedia Commons

유지하려는 노력의 산물로, 땅을 일구고 식물을 가꾸던 이후 시대의 정원사들에게도 중요한 지침과 영감을 제공하였다.

이처럼 초기 로마의 정원이 실용성과 윤리적 가치를 중시했다면, 시간이 흐르면서 사회적·경제적 여유를 지닌 계층이 등장하고 그리스와 동방 문화의 영향이 더해지면서 정원은 점차 미적 향유와 쾌락을 위한 공간으로 변화하게 되었다. 정원은 더 이상 생계와 실용성에만 국한되지 않고, 인간의 본능과 감각적 즐거움을 충족시키는 '쾌락의 정원pleasure garden'으로 진화하는 전환점을 맞이한 것이다.

도무스와 가부장 사회

고대 그리스 사회는 신과 인간이 공존하는 도시 구조를 갖추고, 아크로폴리스나 아고라와 같은 공공공간을 중심으로 공적 성격의 정원을 조성했다. 반면 고대 로마는 파트리아 포테스타스patria potestas, 아버지의 권력라 불리는 가족 중심의 가부장제 사회였다. 로마의 가장은 자녀의 결혼과 독립, 재산 처분은 물론, 필요에 따라 가족 구성원을 벌하거나 추방하고, 심지어 노예로 만들거나 죽일 수 있는 절대적 권위를 가진 존재였다. 로마인에게 국가는 이러한 가족 구조의 확장된 형태로 인식되었고, 로마 공화정은 실제로 가부장적 가족들의 연합으로 형성된 공동체였다. 국가에 대한 충성과 의무는 가정에서 가장의 권위에 복종하는 태도와 동일시되었으며, 이러한 가치 체계는 로마 공화정에서 제국 시기까지 이어져 사회 질서를 떠받치는 핵심 기반이 되었다.

고대 그리스 사회에서는 시민들이 도시의 광장과 공공장소에서 활발히

폼페이의 벽화에 묘사된 고대 로마 가정의 연회 장면(79년 경. 폼페이의 벽화, 나폴리 국립 고고학 박물관 소장). 가족 중심의 가부장적 사회였던 로마인의 생활을 보여준다. ©Naples National Archaeological Museum / Wikimedia Commons

외부활동을 펼친 반면, 로마에서는 가부장적 사회 특성상 가장을 제외한 가족 구성원의 활동이 주로 집 안, 도무스Domus로 제한되는 경향이 있었다. 로마 사회에서 제국의 안정과 영토 확장에 있어 도로망은 필수적인 역할을 하였다. 도시의 중심부에는 시민들이 모이는 광장인 포룸Forum이 자리잡고 있었고, 여기서부터 도로들이 사방으로 뻗어나갔다. 특히 식민지나 군사적 목적으로 세워진 신도시들은 격자형의 가로망이 정교하게 조성되었다. 도무스는 이런 로마 도시에서 도로를 따라 주택들이 서로 벽을 맞

대고 조밀하게 들어선 고대 로마 특유의 도시 주택 형태였다. 이 주택들은 가부장적 사회의 특성을 반영하듯 매우 폐쇄적 구조였으며, 모든 방들이 내부에 위치한 마당, 즉 중정中庭을 중심으로 배치되어 있었다. 도무스에는 보통 한두 개의 중정이 있었으며, 규모가 큰 주택에는 추가로 뒷마당이 조성되기도 했다.

도로에서 집안으로 들어섰을 때 처음 만나게 되는 중정은 아트리움Atrium이다. 아트리움은 사방이 벽으로 둘러싸이고, 지붕의 일부만 하늘로 열린 구조로 되어 있어 외부 손님을 맞이하는 가장의 공식적인 공간이었다. 아트리움을 지나 더 안쪽으로 들어가면 또 하나의 넓은 마당이 나타나는데, 이를 페리스틸리움Peristylium이라고 한다. 네모난 공간을 기둥들이 둘러싼 이 중정은 대부분 바닥이 포장되지 않은 채, 가족을 위한 정원으로 꾸며졌다. 로마인들에게 페리스틸리움은 '집 안의 작은 낙원'과 같은 공간이었다. 정원 식물과 장식을 조화롭게 배치해 가족 구성원들이 일상 속에서 편안한 휴식을 누릴 수 있도록 마련된 이 공간은, 오랜 농업 기술과 실용적 지혜를 주거 공간 안에 구현한 결과이기도 했다.

폼페이의 베티의 집: 생생히 남은 정원 유적

지금으로부터 약 2천여 년 전의 정원임에도 불구하고, 당시 도무스의 정원 모습을 생생하게 확인할 수 있는 장소가 있다. 바로 폼페이Pompeii의 베티의 집Casa dei Vettii이다. 79년 베수비오 화산 폭발로 화산재에 완전히 파묻혀 근대에 들어서야 발굴되기 시작한 이탈리아 남부의 폼페이는, 고대 로마의 생활상을 파악할 수 있는 최적의 유적지이다. 그중 베티의 집

폼페이 베티의 집의 페리스틸리움. 가운데 분수를 중심으로 꽃과 나무가 심어진 정원이 있고, 기둥으로 둘러싸여 가족들이 휴식과 프라이버시를 즐길 수 있는 공간이었다. ©Diego Delso / Wikimedia Commons

황금 팔찌의 집(Casa del Bracciale d'Oro)의 벽화. 고대 로마 정원의 미적 감각을 보여주는 유적으로, 정원과 자연요소를 세밀하게 묘사하여 실내에서도 자연을 느낄 수 있게 한다. ©Tyler Bell / Wikimedia Commons

게티 빌라(Getty Villa)의 내부 페리스틸리움(Inner Peristyle). 미국 로스앤젤레스에 위치한 이 박물관 정원은 폼페이의 도무스를 모델로 재현되었으며, 로마인들이 집 안에 구현하고자 했던 '작은 낙원'을 보여준다. ©Pdubs.94 / Wikimedia Commons

은 폼페이 유적 중 가장 호화롭고 보존상태가 뛰어난 주거 유적으로 손꼽힌다. 베티의 집에 있는 페리스틸리움 정원에는 화려한 꽃과 작은 나무가 심어져 있으며, 여느 로마 귀족 주택처럼 그리스 양식의 조각상들로 꾸며져 있다. 정원 가운데 설치된 분수에서의 시원한 물소리는 청량한 분위기를 자아낸다. 또한 정원 내부의 정자와 의자를 실제보다 작게 제작하고, 정원 뒷면 벽에는 자연 풍경을 사실적으로 묘사한 착시화인 트롱프뢰유trompe-l'œil 벽화를 그려 넣어, 복잡한 도시 속 작은 정원이 실제보다 훨씬 넓고 탁트인 공간처럼 느껴지게 했다. 페리스틸리움은 가족들이 함께 대화를 나누거나 정원을 감상하며 휴식을 취하는 장소였다. 가부장제 사회의 중심적인 실외 거실로도 기능했으며, 외부와 차단된 완전한 프라이버시를 누릴 수 있는 가족만의 이상적인 공간이었다.

도시와 전원생활의 균형: 빌라 문화

그리스와 마찬가지로, 이탈리아 반도 또한 국토 대부분이 산지나 완만한 구릉지대로 이루어져 있다. 도시들은 주로 해안가나 분지와 같은 평지에 형성되었고, 그곳에는 성곽 내의 주택인 도무스Domus가 세워졌다. 한편 도시의 외곽에는 '성 밖의 주택'을 의미하는 빌라Villa가 조성되었다. 로마가 강력한 제국으로 성장할 수 있었던 배경에는 자영농의 육성과 농업 기술의 발달로 인한 생산력의 급격한 증가가 있었다. 농업이 번성하면서 로마 시민들은 도시 외곽에 토지를 마련하여 농사를 짓고, 농번기에는 그곳에서 머물며 자연 속에서의 삶을 누렸다. 시간이 흐르며 로마 시가 정치와 경제의 중심지로 성장하자, 상류층 사이에서는 일정 기간 공적인 임무에서 벗어나 전원에서 여유로운 시간을 보내는 '시골 휴양'의 전통이 자리 잡게 되었다. 이와 함께 로마 주변의 경관이 뛰어난 구릉지에는 다양한 형태의 빌라와 정원이 들어서며, 개인의 취향과 삶의 이상을 담아내기 시작했다.

특히 상류 귀족층은 농경지 중심에 빌라 루스티카Villa Rustica라는 별장을 마련하고, 도시의 분주함에서 벗어나 자연 속에서 여유롭게 휴식을 취하는 삶의 방식, 곧 '오티움otium'의 문화를 발전시켰다. 오티움은 단순한 여가를 의미하는 것이 아니라, 로마인들이 이상적인 삶으로 여긴 정신적·문화적 가치의 정수였다. 도시에서의 공적 업무negotium에서 벗어나 자연과 더불어 사색하고 글을 쓰며 철학적 담론을 나누는 시간은 로마 지식인들에게 삶의 균형을 회복하는 소중한 기회였다. 키케로나 세네카Lucius Annaeus Seneca, 4 B.C-65는 여러 편지와 저술을 통해 오티움이야말로 인간다운 삶과 지적 성숙을 가능케 하는 고귀한 가치라며 찬미했다.

이러한 능동적이고 생산적인 '여유와 사색'은 빌라의 정원에서 구체적으로 실현되었고, 현직 정치가나 장군들 역시 전원의 정원에서 오티움의 삶을 누렸다. 이에 대해 플리니우스Pliny the Younger, 61-113는 자신의 서신집 『에피스툴라에Epistulae』에서 빌라에서의 삶을 생생하게 묘사하고 있다. 그가 머물렀던 빌라는 아름다운 정원과 소규모 욕장, 수로, 포도원이 어우러진 공간으로, 그는 그곳에서 독서와 글쓰기를 즐기며 진정한 평온을 만끽했다. 이러한 빌라 경영은 로마가 단지 군사력과 영토 확장에만 치중한 것이 아니라, 전원 생활과 예술적 취향을 통해 고유한 귀족 문화를 형성하고 삶의 풍요로움을 추구했음을 보여준다.

빌라 아드리아나: 하드리아누스 황제의 전원도시

로마에서 동쪽으로 약 30km 떨어진 근교 휴양지 티볼리Tivoli에는 약 2,000년 전에 조성된, 고대 로마를 대표하는 도시형 빌라, 빌라 아드리아나Villa Adriana가 있다. 별장이라기보다는 하나의 전원도시에 가까운 이 빌라에는 지형을 따라 궁전, 도서관, 게스트하우스, 욕장, 극장, 조각 정원 등이 자연스럽게 배치되어 있다. 또한 로마제국이 자랑하는 토목기술로 건설한 수로Aqueduct를 통해 풍부한 물이 공급되며, 이 물로 수많은 분수와 연못, 운하가 조성되어 공간에 활력을 더했다. 빌라 아드리아나는 도시성과 전원성을 조화롭게 아우른 고대 로마 빌라 문화의 정점으로, 로마인들이 중요하게 여긴 '도시적 삶과 전원적 삶의 균형Otium et Negotium'을 잘 보여준다.

빌라 아드리아나의 복원 모형. 궁전, 극장, 약 2,000년 전 로마의 하드리아누스 황제가 로마 근교 티볼리에 건설한 빌라로, 궁전, 도서관, 극장, 욕장, 정원 등 도시와 전원의 요소가 유기적으로 어우러진 모습을 보여준다. ©김수진

빌라 아드리아나의 주요한 정원 공간인 카노푸스(Canopus). 하드리아누스 황제가 방문한 이집트 알렉산드리아의 풍경을 재현한 곳으로, 신들의 조각상과 긴 수로 형태의 연못이 어우러져 이국적이면서도 우아한 분위기를 자아낸다. ©김수진

빌라 아드리아나를 건축한 하드리아누스 황제Hadrianus 76-138는 로마제국 전성기를 이끈 주요 군주 중 한 사람이었다. 팍스 로마나Pax Romana라 불리는 평화의 시대 동안 그는 제국 곳곳을 직접 시찰하며 각지의 실정을 파악하고, 제국을 안정시키는 데 노력했다. 예술을 사랑했던 황제는 여행지에서 수집한 전리품과 명승지의 경관과 건축을 정원에 재현함으로써, 말년에는 이탈리아를 떠나지 않고도 여행의 감흥을 누릴 수 있었다. 특히 그리스 문화에 깊게 매료된 그는 정원을 그리스 조각으로 장식하고, 공간 전체에 그리스와 로마 문화의 이상을 은유적으로 담아냈다. 그 결과 빌라 아드리아나는 두 문명의 조화로운 결합을 보여주는 대표적 작품이 되었다.

로마인들의 정원은 사적 공간에 머물지 않고, 도시 전체를 아우르는 공공시설과 다양한 건축 공간에도 큰 영향을 주었다. 발전된 수로 시설 덕

빌라 아드리아나의 해상 극장극장(il Teatro marittimo). 이름과 달리 황제 하드리아누스가 개인의 휴식과 사색, 즉 오티움(otium)을 위해 조성한 원형의 섬 형태 정원으로, 열주 회랑과 작은 정원, 욕장을 갖추었으며 이동식 다리로만 접근할 수 있도록 설계된 독립적 공간이다. ©Frdr / Wikimedia Commons

분에 도시 곳곳에 분수와 공중욕장Thermae이 자리 잡았고, 살루스티우스 정원Horti Sallustiani이나 도미티아누스 황제의 궁전Palazzo di Domiziano 같은 대규모 정원도 조성되었다. 그러나 로마의 서민들은 인술라Insula라 불리는 밀집 공동 주택에서 생활했기 때문에 정원을 누리기 어려웠으며, 도무스나 빌라의 정원문화는 여전히 귀족층의 전유물로 남아 있었다.

제국의 몰락과 르네상스로 이어지는 유산

로마제국은 313년 콘스탄티누스 1세가 밀라노 칙령으로 기독교 국가가 되고, 서로마 제국이 멸망476년하면서 이후 천 년간 다소 편견이 담긴 표현이긴 하나 암흑시대Dark Age로 불리는 중세시대로 접어들게 된다. 이후 우리가 르네상스라 부르는 이 시기에 고대 그리스와 로마 문화가 다시 화려하게 무대에 등장하여 재현되게 되는데, 이때 비록 폐허로 남기는 했으나 빌라 아드리아는 고대 그리스·로마 문화부흥의 성지가 된다.

이처럼 로마의 정원문화는 전쟁과 정복으로 팽창한 제국의 활기찬 도시적 역동성과 자연에서 여유를 찾는 오티움 문화가 어우러진 독특한 모습으로 발전했다. 로마의 귀족들은 빌라의 정원 속에서 예술과 철학, 문학의 즐거움을 만끽하면서도, 다시 도시로 돌아와 제국의 운명을 결정하는 무대 위에 서기를 반복했다. 비록 서로마 제국은 역사의 뒤안길로 사라졌지만, 로마인들이 심어놓은 정원의 씨앗은 중세 유럽의 수도원과 장원 정원에서 그 명맥을 조용히 이어갔다. 그리고 오랜 시간이 흘러 르네상스 시대에 이르러, 사람들은 다시 한번 '부흥Renaissance'이라는 이름으로 로마의 빌라와 정원을 꿈꾸기 시작했다.

그런데, 유럽의 중세가 깊은 잠에 빠져있던 바로 그 시기, 로마로부터 동쪽으로 멀리 떨어진 사막 한가운데서 새로운 정원 문화가 눈부시게 꽃을 피우고 있었다. 물 한 방울도 허투루 쓸 수 없는 척박한 환경 속에서 페르시아와 이슬람 사람들은 푸른 낙원을 창조해냈다. 이제 우리는 로마와는 전혀 다른 땅과 문명에서 펼쳐진, '신의 낙원Paradise'이라 불린 페르시아와 이슬람 정원의 이야기로 떠나보자. 그들은 과연 뜨겁고 건조한 땅에서 어떤 기적을 이루어냈을까?

5장

페르시아:

지상낙원

5장

페르시아: 지상낙원

사막 한가운데서 피어난 낙원, 파라다이스

사막과 고원, 불모의 땅, 그리고 끝없는 분쟁의 이미지로 각인된 지역이 있다. 거친 자연과 끊이지 않는 충돌 속에서 우리는 그곳을 늘 척박한 땅으로 기억한다. 그러나 바로 그 땅에서, 화려하고 풍성한 정원을 만들어 지상낙원을 실현했던 민족이 있었다. 정원문화를 서구 세계로 전파하고 확산시킨 이들, 그들은 페르시아인Persian이었다. 페르시아 미술의 권위자인 사학자 아서 포프Arthur Upham Pope, 1881-1969는 "모든 페르시아 인들의 마음 한켠에는 정원이 있다"고 말했다. 그 말처럼, 정원은 페르시아 문화의 중심에 자리한 정신이자 삶의 방식이었다. 정치와 경제, 민족과 종교 간 갈등이 복잡하게 얽혀있는 세계의 화약고, 연일 국제 뉴스에 참혹한 장면이 오르내리는 그 땅. 바로 그곳이, 아이러니하게도 인류가 꿈꿔온 지상낙원, '파라다이스 가든paradise garden'이 시작된 곳이었다.

기원전 539년, 키루스 대제Cyrus the Great, 590-530 B.C.가 현재 이란 남서부의 파

르스Fars에 제국 최초의 수도를 건설하면서 페르시아는 본격적인 전성기에 접어들었다. 이로써 수메르와 아카드, 바빌로니아로 이어지던 메소포타미아의 주도권은 종결되고, 문명의 중심은 동쪽의 이란 고원으로 이동하게 되었다. 이후 페르시아는 동쪽으로 중앙아시아, 서쪽으로 오늘날의 튀르키예, 남쪽으로는 이집트와 인도에 이르는 거대한 제국으로 성장하게 된다. 오랜 세월 외세의 지배와 간섭 속에 살아왔던 유대 민족의 경전인 『구약성서』는 대부분의 타 민족 군주들을 부정적이고 악한 인물로 묘사하지만, 고레스כורש라는 이름으로 등장하는 키루스 대제만은 예외적으로 긍정적인 인물로 묘사한다. 바빌로니아를 정복한 그는 노예로 잡혀있던 유대인들을 해방시키고, 고향으로 돌아가 예루살렘에 성전을 재건할 수 있도록 허락하였다. 종교적 관용과 타 민족에 대한 깊은 배려를 보여준 그는 관대한 군주로 칭송받았으며, 이러한 태도는 개방과 문화적 융합을 바탕으로 성장한 페르시아 제국의 정신적 기반이 되었다.

고원과 황야를 녹색 낙원으로: 카나트

페르시아 제국의 수도 파르스 지역은 북쪽 고원지대를 제외하면 혹독한 추위와 뜨거운 더위가 공존하는 척박한 불모지였다. 그러나 키루스 대제와 그를 계승한 아케메네스 왕조Hakhāmanišiya의 후대 왕들은 이러한 악조건 속에서도 각별한 정원 애호가였다. 타 문화에 개방적이었던 페르시아는 뛰어난 원예 기술을 바탕으로, 에덴동산보다 아름답다고 전해지는 메소포타미아의 정원 조성법과 물관리 기법을 받아들여 국토 곳곳에 탁월한 정원들을 조성하였다. 고원과 황야의 강하고 메마른 바람을 막기 위해 정원은 높은 담장으로 둘러졌으며, 내부에는 맑고 시원한 물이 흐르는 수로를 따라 당대 가장 아름답고 진귀한 식물과 동물들이 가득했다.

페르시아는 건조한 기후에서도 물을 안정적으로 확보하기 위해 '카나트qanat'라는 독창적인 지하 관개 기술을 개발하였다. 카나트는 먼 거리의 지하 수원을 끌어와 정원과 도시 곳곳에 물을 공급할 수 있게 만든 지하수로였다. 이 기술 덕분에 척박한 사막 지역에서도 생명력 넘치는 정원을 조성할 수 있었다.

페르시아인들은 카나트를 통해 물을 공급받아 만든 정원을 고대 페르시아어로 '파이리데자pairidaeza'라고 불렀다. 이 단어는 pairi둘러싸다와 diz담장, 형태를 만들다의 합성어로, '담장으로 둘러싼 정원'을 뜻한다. 세상 밖 이야기와 이국의 문명에 관심이 많았던 고대 그리스 학자들은, 담장 너머로 펼쳐진 페르시아 왕들의 화려한 정원을 동경의 대상으로 바라보았다. 그러나 당

이란 케르만의 샤자데 머핸 정원(Shazdeh Mahan Garden)의 카나트. 산지에서부터 지하수로를 통해 사막 한가운데까지 맑고 풍부한 물을 끌어오는 페르시아의 혁신적인 수리 기술로, 척박한 땅에서도 생명이 가득한 낙원을 창조할 수 있게 했다. ©S.H. Rashedir / UNESCO

시 그리스에는 이처럼 울타리로 둘러싸인 궁정형 정원이 존재하지 않았기에, 이를 적절히 표현할 말이 없었다. 우리가 외래어를 소리 나는 대로 들여왔듯이, 그리스인들은 이 이국적인 정원을 자신들의 발음대로 '파라데이소스paradeisos'라 불렀다.

시간이 흘러 그리스인들은 『구약성서』를 번역하는 과정에서 에덴동산을 묘사할 적절한 단어가 없자, 과거 페르시아 왕의 정원을 가리키던 '파라데이소스'를 다시 빌려 쓰게 되었다. 이렇게 탄생한 개념은 그리스어와 기독교 문화를 기반으로 성장한 서양 세계에 전파되어, 오늘날 '파라다이스paradise'라는 단어로 자리 잡았다. 파라다이스는 곧 에덴동산의 재현, 지상에 구현된 이상향을 뜻하는 지상낙원의 대명사가 된 것이다.

사분원: 신과 인간의 낙원

기원전 6세기 페르시아가 아라비아반도의 패권을 장악하면서 페르시아에서 기원한 조로아스터교Zoroastrianism의 교세도 함께 확장되었다. 조로아스터교는 야외의 성소에 불의 제단을 두고 제사를 올렸는데, 불을 신성시한다고 하여 배화교拜火教로도 불렸다. 이 종교에서는 성스러운 불聖火 못지않게, 광명과 순결함을 상징하는 맑고 깨끗한 물 또한 매우 중요하게 여겼다. 이러한 종교적 배경 속에서, 페르시아 왕들의 정원에서 물은 단순히 꽃과 나무를 기르는 기능을 넘어 성스러운 공간을 구성하는 상징적 의미를 지니게 되었다. 수로와 연못, 분수와 폭포 등 다양한 수경 시설은 정원을 더욱 풍성하고 신성한 공간으로 만드는 데 중요한 역할을 하였다.

페르시아가 인류 역사에 남긴 위대한 발명 중 하나는 수로가 교차하여 4개의 구역으로 나뉘는 정원, 바로 사분원四分園, four gardens이다. 페르시아어로 '차르바그Charbagh'으로 불리는 이 정원은 담장에 둘러싸인 네모난 정원으로, 중앙의 분수나 작은 연못에서 솟아난 맑은 물이 십자 형태의 수로를 따라 정원의 네 방향으로 퍼져나간다. 네 구역으로 나뉜 정원에는 키 낮은 나무와 아름다운 꽃이 심어져 생명력과 아름다움을 더했으며, 때로는 물을 감상하기 위해 일부 구역을 비워 두기도 했다. 이때 화단에는 장미사랑과 아름다움, 석류다산과 생명, 사이프러스지혜와 영원함, 감귤류신선함과 풍요 처럼 상징적 의미를 지닌 식물들이 주로 심어졌다. 십자형 수로는 꽃과 나무에 물을 효율적으로 공급하고, 수분의 증발을 통해 주변 공기를 시원하게 하는 실용적인 기능을 했지만, 그보다 더 중요한 것은 정원의 상징적 의미였다. 조로아스터교의 세계관에서 세상은 하늘·땅·물·나무의 네 요소로 이루어져 있다고 한다. 또 『구약성서』의 창세기에는 "강이 에덴에서 발원하여 정원을 적시고 거기서부터 갈라져 네 근원비손·기혼·힛데겔·유프라테스강이 되었으니"라고 기록되어 있다. 다시 말해, 사분원은 세상의 기원을 상징하며, 즐거움과 기쁨이 가득한, 지상낙원의 형상 그 자체였던 것이다.

사분원은 사막에 살아가던 유목민들에게는 궁극의 이상향이었다. 그들의 정원에 대한 열망은 페르시아의 대표적 명물인 카펫carpet에서 알 수 있다. 낮에는 뜨겁고 밤에는 급격히 추워지는 사막의 생활에서, 지면의 냉기를 막아주는 두꺼운 카펫은 생활 필수품이었다. 화려한 문양으로 유명한 페르시아 카펫 중에서도 특히 널리 알려진 것이, 네 갈래 수로와 네 개의 화단이 수놓아진 사분원 형상의 카펫이었다. 유목민에게 실제 정원을 소유하는 것은 거의 불가능했다. 그러나 그들은 카펫 위에 앉아 이상적인 정원의 풍경을 상상하며 현실의 고단함을 잊고 위안을 얻고자 했던

사분원 정원인 충실의 정원(Garden of Fidelity) 조성을 감독하는 무굴 인도 초대황제 바부르, 비샨다스(1590년 경, 영국 빅토리아 알버트 박물관 소장). 중앙의 분수에서 흘러나온 물이 네 방향 수로를 따라 흐르는 사분원의 형태는, 지상낙원의 상징이자 신과 인간의 이상향을 표현한 것이다.

가든 카펫(1001년 경, 쿠웨이트 알사바 컬렉션 소장). 네 방향으로 뻗은 수로와 그 사이를 채운 꽃과 나무들로 구성된 페르시아의 차르바그 정원을 양탄자 위에 그대로 재현하였다. 실제로 소유할 수 없었던 낙원을 일상의 공간으로 가져온 페르시아인의 정원에 대한 열망을 잘 보여준다. ©The al-Sabah Collection / Wikimedia Commons

것이다.

페르시아의 위대한 시인인 루미Muhammed Celâleddîn-i Rumi, 1207-1273나 하페즈Khājeh Shams-od-Dīn Moḥammad Ḥāfeẓ-e Shīrāzī, 1325-1390의 시 속에서 물이 흐르는 정원을 신성과 사랑, 영혼의 기쁨이 머무는 장소로 자주 묘사된다. 이처럼 페르시아 문학과 예술에서도 정원은 삶의 본질과 종교적 열망을 투영하는 상징적 무대였다.

이슬람 세계로 흡수된 파라다이스

이슬람의 창시자이자 예언자 무함마드Muḥammad, 570-632가 이끈 이슬람 제국이 7세기 사산 왕조를 정복하면서, 페르시아는 이슬람 세계의 일부로 편입된다. 이슬람교 신자들에게 파라다이스 정원은 현세의 고단함을 이겨내고 정의롭게 살아갈 때 내세에서 주어지는 보상의 천국으로 여겨졌다. 파라다이스는 영원한 생명과 무한한 기쁨이 약속된, 신자들이 도달하고자 하는 궁극적인 목적지였다.

이슬람교의 성서인 『코란』에는 파라다이스낙원가 130차례 이상 언급되며, 그 모습은 아름다운 정원으로 상세히 묘사된다. 『코란』에서는 천국을 여러 개의 작은 정원이 서로 이어져 하나의 큰 정원을 이루는 형태로 인식한다. 예를 들어, 『코란』 55장에는 "심판대 앞에 서게 될 때… 두 개의 정원이 있나니… 두 개의 천국 외에도 다른 두 개의 정원이 있다."고 기록되어 있다. 이 구절은 이슬람 세계에서 작은 규모의 사분원이 궁전은 물론 일반 주택, 여관, 시장과 같은 다양한 장소에 조성되는 계기가 되었다. 이렇게 조성된 작은 사분원이 수로나 길로 연결되어 더 큰 정원을 이루고, 다시 결합되어 확장된 형태의 사분원으로 무한히 이어지는 기하학적

돈첼라스의 파티오(Patio de las Doncellas). 스페인 세비야 알카사르 궁전 내부의 중정으로, 길게 뻗은 중앙 수로와 대칭적인 녹지 구성이 특징이다. 건축과 정원 곳곳에 아라베스크 문양이 새겨져 있어, 페르시아에서 출발한 이슬람 정원의 미학을 고스란히 보여준다. ©정해준

구성을 형성하게 되었다. 결국 이러한 구조는 도시 전체를 하나의 거대한 정원이자, 이슬람이 꿈꾸는 지상낙원의 구현으로 만들었다.

이슬람권에서 정원의 위상이 높아짐에 따라, 건축과 장식 문화에서도 이슬람 특유의 미학이 풍성하게 발전하였다. 그중 하나가 식물과 기하학적 패턴을 정교하게 결합한 '아라베스크Arabesque' 문양이다. 이슬람교에서는 우상 숭배가 엄격히 금지되었기 때문에, 사람이나 동물 대신 식물과 추상적인 형태를 활용한 아라베스크 패턴이 건축과 공예 전반에 널리 활용되었다. 정원을 둘러싼 벽과 복도, 다양한 장식물에 새겨진 아라베스크 문양은 섬세한 곡선과 덩굴무늬가 끊임없이 반복되며, 제한된 공간 안에서도 신의 무한한 위엄과 천국의 아름다움을 시각적으로 구현하였다. 돌과 타일에 정교하게 세겨진 아라베스크를 통해, 이슬람 미학의 핵심 가치

타지마할(Taj Mahal). 인도 무굴 제국의 샤 자한 황제가 만든 이 정원은 중앙의 웅장한 묘당과 완벽한 좌우대칭 구조, 십자형 수로 등 페르시아의 사분원(차하르바그) 양식을 계승하여, 죽음 이후에도 영원한 낙원을 누리려는 이슬람적 이상을 표현하고 있다. ©김수진

인 '질서와 조화'를 정원의 모든 공간에서 생생하게 경험할 수 있었다.

이슬람 제국의 확장과 함께 파라다이스 정원은 인도의 무굴 제국, 북아프리카의 무어인 지역, 그리고 스페인 등 멀리 떨어진 지역까지 전파되었다. 인도 무굴 제국의 타지마할Taj Mahal이나 샬리마르 정원Shalimar Bagh은 페르시아의 사분원 양식을 인도 고유의 풍토에 접목하여, 웅장하고 화려한 물의 경관과 대칭적 구성을 특징적으로 구현하였다. 스페인 남부 안달루시아 지방의 알람브라Alhambra 궁전과 여름 궁전인 헤네랄리페Generalife 역시 페르시아 정원의 전통을 계승한 곳이다. 이곳의 궁정 중정에는 정교하게 설계된 수로와 분수, 향기로운 꽃들이 펼쳐지며, 이베리아반도의 뜨거운 기후에 맞춰 시원하고 청량한 오아시스 같은 정원 풍경을 만들어냈다. 특히 알람브라 궁전은 건축과 정원이 자연스럽게 연결되어 있어, 흐르는 물소

수로의 정원(The Patio de la Acequia). 알람브라 궁전 부속 헤네랄리페에 있는 이 정원은 중앙 수로를 따라 흐르는 물과 이를 둘러싼 무성한 녹지가 어우러진 구성으로, 페르시아의 이상을 계승한 이슬람식 파라다이스 정원의 전형적 모습을 보여준다. ©정해준

사자의 중정(Court of the Lions). 알람브라 궁전 내에서 가장 유명한 중정으로, 중앙에서 12마리의 사자가 받치고 있는 분수에서 방사형으로 흐르는 수로와 이를 둘러싼 정교한 아라베스크 장식은, 이슬람 건축과 정원이 어떻게 하나의 통합된 낙원을 창조했는지를 생생히 드러낸다. ©Sean Adams / Wikimedia Commons

리와 분수의 청량함이 실내 공간까지 전해진다. 계곡 너머에 위치한 여름 궁전 헤네랄리페는 긴 수로를 중심으로 양옆에 다양한 수목과 화려한 꽃들, 섬세한 아라베스크 문양이 어우러져 이슬람식 낙원 정원의 정수를 보여준다.

사파비 왕조와 이스파한: 도시 전체를 낙원으로

이슬람 세계에서 낙원 정원 문화가 전성기를 누리던 16~18세기, 사파비 왕조Safavids는 수도 이스파한Isfahan을 '거대한 차르바그'의 정원도시로 만들고자 하였다. '세상의 절반'이라 불릴 만큼 찬란했던 이스파한은, 시오세폴 다리Si-o-se-pol와 도시의 남북을 가로지르는 6㎞의 차르바그 대로Chaharbagh Boulevard, 세계에서 두 번째로 큰 광장인 이맘 광장Meidan Emam을 비롯해 도시 곳곳에 차르바그의 원리에 따른 수많은 궁전과 정원이 조성되었다. 체헬소툰 궁전Chehel Sotoun, 40주 궁 궁전과 하슈트 베헤쉬트Hasht Behesht 정원은 이러한 사파비 왕조의 이상을 잘 보여주는 공간으로, 정원을 중심으로 건물과 수로, 분수, 수목을 정교한 좌우 대칭으로 배치하여 화려하면서도 기하학적인 미학을 완성하였다. 길게 뻗은 수로와 그 양옆에 늘어선 울창한 나무들, 벽면과 천장에 새겨진 섬세한 식물과 꽃 문양은 방문객들에게 마치 하늘과 땅이 하나로 이어진 듯한 낙원의 체험을 선사했다. 이스파한은 『코란』의 구절처럼 작은 사분원이 모여 더 큰 사분원을 이루고, 그것들이 다시 도시 전체로 확장된 형태를 보여준다. 도시 전체가 하나의 거대한

이맘 광장. 이란 이스파한에 위치한 세계에서 두 번째로 큰 광장으로, 광대한 녹지와 대칭적으로 설계된 수로와 산책로가 결합하여 도시 자체를 거대한 페르시아식 낙원 정원으로 구현한 사파비 왕조의 이상을 보여준다. ©Arad / Wikimedia Commons

하슈트 베헤쉬트 정원. '여덟 개의 천국'이라는 이름을 지닌 이 정원은 중앙의 정자와 사방으로 뻗은 수로를 통해 지상낙원의 전형적 구조를 표현하고 있다. 물과 녹지, 기하학적 균형이 어우러진 이곳은 사파비 왕조가 꿈꾸었던 이상향의 축소판이라 할 수 있다. ©김수진

사분원처럼 설계된 이스파한은 페르시아 전통 정원의 이상을 도시 공간 속에 구현한 대규모 정원 도시였다.

페르시아의 파라다이스 정원은 기하학적 질서와 뛰어난 물 관리 기술을 강조하며, 이후 르네상스와 바로크 시대의 정원으로 발전해 나갔다. 페르시아에서 기원한 낙원 정원의 개념은 신비로운 종교적 상징성과 함께 정교한 수공 시스템과 기하학적 미학이 결합한 예술 양식으로, 동서양의 정원 문화 전반에 깊고 넓은 영향을 미쳤다. 사막 한가운데서 출발한 이 파라다이스 정원은 전 세계로 퍼져나가며, 물이 귀한 땅에서도 인간이 꿈꿨던 '지상낙원'이 얼마나 보편적이며 위대한 욕망인지를 보여주는 역사적 증거가 되었다.

'닫힌 정원'으로 이어지는 또 다른 장

페르시아는 동서 교류의 중심지로서 낙원 정원파라다이스 가든과 사분원차르바그이라는 독창적인 정원의 원형을 중동과 유럽 전역에 전파하였다. 하지만 바로 그때, 유럽에서는 로마제국의 화려한 정원 문화가 서서히 사라지고, 전혀 새로운 형태의 정원이 싹을 틔우고 있었다. 로마제국의 몰락 이후 찾아온 중세의 유럽은 수도원과 성곽을 중심으로 세상과의 경계를 짓고, 그 안에 고요하고 상징적인 공간을 만들어냈다. 바로 '닫힌 정원Hortus Conclusus'의 탄생이다.

이제 다음 장에서는 중세 유럽의 닫힌 문 뒤로 숨어든 신비로운 정원의 세계를 함께 탐험해볼 것이다. 페르시아의 개방적이고 자유로운 낙원 정원이, 어떻게 유럽에서는 높은 담장 안에서 비밀스럽고 영적인 공간으로 재해석되었을까? 영주와 수도사의 정원에서 은밀하게 피어난 이 닫힌 정원은 중세인들의 마음 깊은 곳에 자리 잡은 소망과 신앙을 어떻게 담아냈는지, 이제 함께 그 문을 열어보자.

6장

유럽 중세:
닫힌 정원

6장

유럽 중세: 닫힌 정원

로마제국의 붕괴와 새로운 질서

이집트, 메소포타미아, 그리스, 로마, 페르시아의 고대 문화권이 서로 영향을 주고받으며 치열하게 전개되는 동안, 서유럽 지역은 5세기가 되기까지 문화 변방에 머물러 있었다. 오랜 침묵을 깨고 유럽 대륙의 전환을 이끌어낸 것은 북쪽의 게르만족Germanen이었다. 영원할 것 같던 로마 황제의 권위는, 국경 북쪽 너머 야만인barbarian으로 부르던 게르만족에 의해 무너졌고, 뒤이어 이슬람 제국의 성장까지 겹치면서 유럽 대륙은 빠르게 해체의 길로 들어섰다. 혈연과 민족으로 단단히 결속되었던 로마와 달리, 게르만족은 언어나 문화의 유사성을 바탕으로 한 느슨한 연대 관계를 이루고 있었다. 그 결과 이들은 통일 제국 이루기보다는 유럽 곳곳에 다양한 독립 왕국들을 세워나갔다.

그러나 로마 황제의 강력한 권력과 달리, 새롭게 탄생한 왕국들의 왕권은 미약했으며, 왕은 지역 유지인 영주領主, feudal lord의 군사력에 의존할 수

베리공의 매우 호화로운 기도서(Très Riches Heures du duc de Berry), 림부르그 형제(1412년 경, 콩데 미술관 소장). 귀족의 성곽과 장원을 배경으로 농민과 귀족의 생활을 대비하며 중세 봉건제의 모습을 생생하게 그려낸 세밀화다. ©BMusée Condé / Wikimedia Commons

밖에 없었다. 영주는 왕에게 대가로 받은 토지, 즉 영지領地를 밑천 삼아 자급자족의 경제 체제인 장원莊園, manor을 형성하며 독자적인 세력을 키워나갔다. 국가권력에 버금가는 지역 권력을 갖게 된 영주는 자신에게 충성을 맹세한 기사knight에게 장원의 일부를 봉토封土로 하사하여 상호 계약 관계를 맺었고, 장원에서 농사를 짓는 농민들로부터 세금을 걷어 생활을 유지했다. 이처럼 계약과 토지 소유 관계를 중심으로 명확히 계층화된 사회구조를 봉건제封建制, feudal system라고 하며, 이 제도가 자리 잡아 4세기 말부터 약 1,000년간 이어진 시기를 우리는 중세中世, Middle Ages라고 부른다.

중세의 뒤얽힌 권력과 종교의 지배

정신적 지도자이자 행정권의 핵심이었던 로마 황제의 권위가 무너지자, 유럽에는 크고 작은 왕국들과 지방 세력 간의 끊임없는 분열과 분쟁만이 남게 되었다. 각 왕국과 장원을 들여보아도 왕, 영주, 기사, 농민은 서로의 이해관계로 맺어진 불안정한 계약 속에 놓여 있었고, 그 관계가 언제 무너질지는 누구도 장담할 수 없었다. 이러한 혼란과 불확실의 시대에 새롭게 태어난 국가 체제를 유지하기 위해서는 사람들을 하나로 묶을 수 있는 절대적인 힘이 필요했다. 그것은 바로 종교, 중세 서구 세계에서는 기독교였다.

'야만왕국barbarian kingdoms'의 군주들에게 전지전능한 유일신을 믿는 기독교는 권위와 질서를 확립하기에 가장 적합한 선택이었다. 이처럼 중세 유럽에서 교회는 다양한 이해관계로 얽힌 사회 계층들을 결속시키는 정신적 구심점이 되었으며, 나아가 국가 행정과 철학을 지배하는 절대적 질서의 중심으로 자리 잡았다. 이미 313년 로마제국이 밀라노 칙령Mediolanense으로 기독교를 합법화한 데 이어, 380년 테오도시우스 황제Flavius Theodosius, 347-395가 기독교를 국교로 선포하면서, 교황教皇, papa을 중심으로 한 교회는 점차 유럽 전역에서 영향력을 확대해 나갔다. 서로마 제국 붕괴 후, 중세 유럽 국가들이 경쟁적으로 기독교를 받아들이면서 교회는 강력한 정치적 권력까지 획득하게 된다.

그러나 교회가 국가를 초월하는 거대한 권위로 성장함에 따라, 신앙의 순수성과 윤리적 기반은 점차 희미해졌고, 일부 성직자 집단은 부와 권력을 누리며 부패와 타락의 길로 접어들었다. 교회 본래의 정신이 흐려지고 세속화된 현실 속에서, 이를 비판하며 기독교 본래의 정신으로 돌아가고자 하는 움직임이 등장하였다. 그 중심에는 청빈과 금욕, 복종을 계율로 삼아 신의 뜻을 실천하고자 한 수도원 공동체가 있었다. 현세의 물질적 쾌락을 거부하고 세속으로부터 단절된 삶을 통해 내세의 구원을 추구한 수도사들에게, 기도와 노동은 가장 중요한 의무이자 영적 수련의 수단이었다. 예배와 자급자족의 노동 공간은 수도원에 필수였고, 그 역할을 작지만 실용적인 정원이 담당하였다. 수도사들은 약초학과 식물학에 깊은 관심을 가졌으며, 아랍 의학서의 번역본인 『타쿠이눔 사니타티스Tacuinum Sanitatis』를 비롯한 다양한 약초와 원예 관련 서적을 필사하고 보존하여 의약과 식물 재배에 관한 지식을 축적하였다. 그렇게 수도원의 정원에는 먹을 거리를 기르는 채소원과 과수원은 물론, 약용 식물을 키우는 약초원도 함께 조성되었다.

정원에 흘리는 수도사들의 땀방울은, 인간이 에덴동산에서 추방된 뒤 부여받은 형벌인 노동을 묵묵히 수행하는 행위이자, 잃어버린 낙원을 다시 찾고자 하는 깊은 영적 열망의 표현이었다. 한편, 수도원은 예배와 기도의 장소였기에, 제단을 장식하기 위한 상징적인 꽃들도 정원에 심어졌다. 순교를 상징하는 장미, 순수와 예수 그리스도의 백합, 겸손을 뜻하는 제비꽃, 성모 마리

타쿠이나움 사니타티스(Tacuinum Sanitatis)에서 마늘 수확 장면(1400년 경, 파리 국립 도서관 소장). 중세 수도원의 정원에서는 실용적 목적의 약용식물과 채소가 재배되었는데, 이 필사본은 당시 수도원 정원의 실용적 역할과 중세 유럽에서의 약초학적 지식의 축적을 보여준다. ©Bibliothèque nationale / Wikimedia Commons

천국의 작은 정원(The Little Garden of Paradise), 어퍼 라인란트 마스터(1410년 작, 프랑크푸르트 슈테델 미술관 소장). 울타리로 둘러싸인 닫힌 정원에 성모 마리아가 앉아 있으며, 백합, 장미, 데이지 등 중세의 종교적 상징성을 가진 꽃들이 가득하다. 중세 정원의 낙원적 이상과 기독교적 세계관이 함께 표현된 작품이다. ©Städel Museum / Wikimedia Commons

아의 슬픔과 눈물을 상징하는 아이리스와 같은 꽃들은 수도원 정원에 영적인 의미를 더해주었다. 또한 엄격한 수행의 일상 속에서 수도사들이 잠시 휴식을 취하거나 고요히 명상할 수 있도록 조용하고 아늑한 정원도 가꾸어졌다.

클로이스터 정원: 에덴을 꿈꾸는 회랑식 중정

대개 예배당 남쪽이나 세속인들이 접근하기 힘든 사제들의 거처 사이

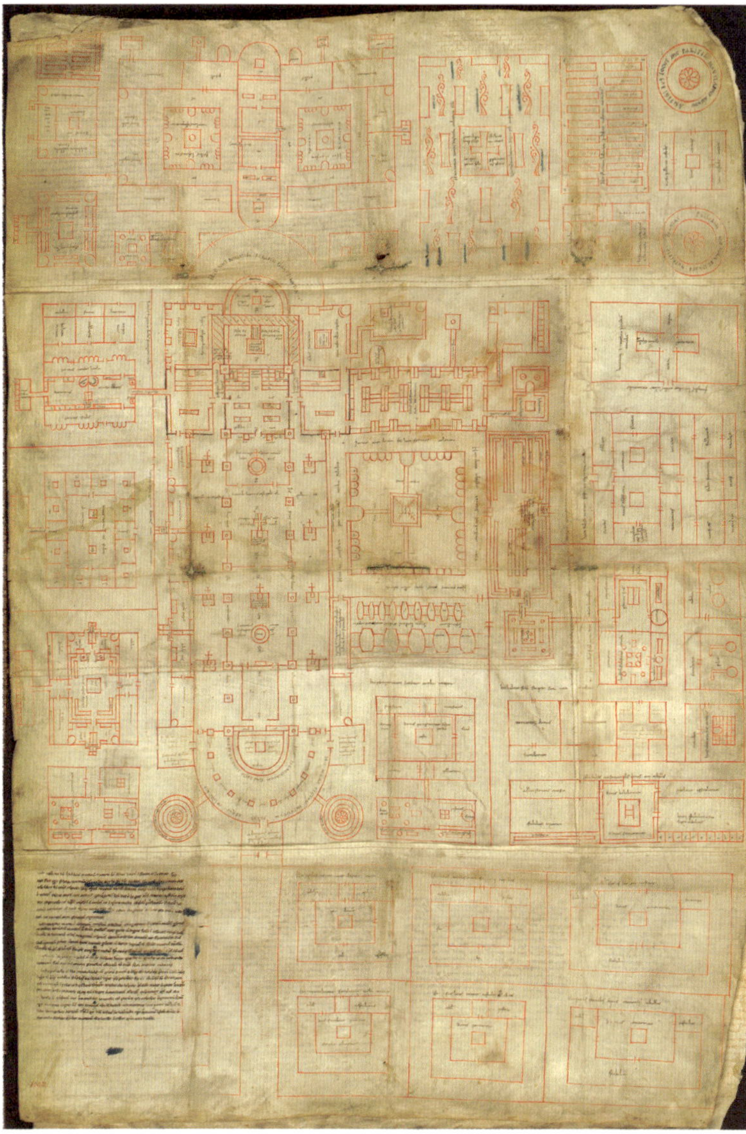

성 갈렌 수도원의 평면도(9세기 경, UCLA 도서관 소장). 중세 초기에 제작된 이상적인 수도원 배치도로서, 정중앙의 클로이스터 정원(회랑식 중정)을 비롯하여 약초원, 채소밭, 과수원 등 중세 수도원 정원의 신앙적 상징성과 실용성을 동시에 보여준다. ©UCLA Library Digital Collections / Wikimedia Commons

에 위치한 내밀한 정원을 클로이스터 정원cloister garden, 회랑식 중정이라 했다. 고대 로마 주택의 정원인 페리스틸리움과 같이 ㅁ자 형태로 기둥과 복도의 회랑으로 둘러싸인 클로이스터 정원은, 폐쇄적인 수도원 생활을 하던 사제들에게 하늘을 향해 열린 유일한 여유의 공간이었다. 사제들이 다니는 길은 돌로 포장되었고, 가운데 정원은 두 개의 길이 교차하는 네 개의 화단으로 구획되었다. 각각의 화단에는 아름답고 향기로운 꽃이나 키 작은 과일나무가 심겼으며, 두 길이 교차하는 정원의 중심부에는 작은 수반水盤을 갖춘 작은 분수대paradiso fountain가 놓여 있었다. 이러한 클로이스터 정원의 형태는 페르시아의 사분원四分園, 차르바그 구조와 매우 유사하다. 『구약성경』의 창세기에는 "강이 에덴에서 발원하여 정원을 적시고 거기서부터 갈라져 네 근원비손·기혼·힛데겔·유프라테스강이 되었다."고 기록되어 있다. 즉, 수도

이탈리아 밀라노의 산 심플리치아노 수도원의 클로이스터 정원. 정갈한 사분원 구조와 사방을 둘러싼 회랑은 수도사들의 명상과 휴식, 일상적 기능이 결합된 중세 수도원 정원의 전형적 형태이다. ©G.dallorto / Wikimedia Commons

원의 사분원은 기쁨과 평화로 가득한 이상향이자, 상실된 지상낙원 에덴을 재현한 공간이었던 것이다.

중세 사람들은 클로이스터와 같은 폐쇄적인 정원을 '호르투스 콘클루수스Hortus Conclusus, 닫힌 정원'라 불렀다. 이는 『구약성경』 아가서의 "나의 누이 나의 신부는 문 잠긴 동산a garden locked up, 덮어놓은 우물, 막아 버린 샘."아가 4:12, 표준새번역이라는 구절에서 유래한 표현으로, 성모 마리아의 순결과 영적

미국 뉴욕 메트로폴리탄 미술관의 콕사 클로이스터. 878년 설립된 프랑스 생 미셸 드 쿡사 수도원의 구조물을 일부 옮겨와 재구성한 공간으로, 중세 회랑식 정원의 이상을 현대에 그대로 재현하여 중세 수도원 정원을 경험할 수 있도록 했다. ©Metropolitan Museum of Art

신비를 징하는 이미지로 받아들여졌다. 수도원의 정원과 페르시아의 그것과의 직접적인 관계를 명확히 밝히기는 어렵지만, 두 공간 모두 '지상낙원의 재현'이라는 공통된 신앙적 상징을 담고 있다. 수도사들은 닫힌 정원의 네 구역을 돌며 황량한 세상 속에서도 소멸하지 않은 천국의 흔적을 느꼈고, 교차로 가운데 솟아 흐르는 맑은 물을 바라보며 경건하게 신과 교감했다. 클로이스터 정원의 네 구역으로 나뉜 사분원은 하나님 앞에 모든 존재가 평등하다는 상징적 표현이기도 하였다. 그러나 이러한 평등의 교리는 수도원 담장 밖 세상에서는 '하나님이 부여한 신분에 따라 최선을 다해서 살면 천국에 이른다'는 식으로 왜곡되었고, 결국 봉건 질서를 정당화하는 논리로 작용하고 있었다.

이렇게 형성된 수도원 클로이스터 정원은 오늘날에도 일부 대성당이나 수도원에서 그 모습을 볼 수 있다. 프랑스의 몽생미셸Mont Saint-Michel 수도원, 영국 솔즈베리 대성당Salisbury Cathedral 등지에서 중세의 회랑식 정원이 어느 정도 형태를 유지한 채 남아있으며, 미국 뉴욕 메트로폴리탄 미술관의 부속 시설인 쿡사 클로이스터Cuxa Cloister는 12-15세기 유럽 수도원 건축을 재현하여, 중세 정원을 현대에 체험할 수 있도록 복원하여 전시하고 있다.

성곽과 장원: 귀족 정원의 폐쇄적 발전

절대 권력을 가진 영주의 장원은 중세 중기 이후 지금의 프랑스, 독일, 영국 등에서 더욱 확장되었다. 지역 간 분쟁이 격화되면서, 영주들은 자신의 장원을 성곽으로 둘러싸고 그 안에 머물며 방어를 강화하게 된다. 폐쇄적인 중세 도시의 중심에는 영주가 거주하는 성관城館, castle과 종교의 중심인 교회가 위치하고, 영주를 비롯한 성직자와 기사의 지배 계층은 성곽 안에, 농민들에 상 밖에 거주하였다. 성곽으로 둘러싸인 도시나 마을을 프랑스어로 부르bourg라 하는데, 영주를 비롯한 이러한 성곽 도시 안에서 부를 축적한 지배층을 성곽 안에 사는 사람들이라 하여 부르주아bourgeois라 불렀다. 폐쇄적인 성곽 도시에서 부르주아가 성곽 밖으로 나간다는 것은 생명의 위협을 감수해야 하는 모험이었다. 그렇기에 성 안에는 각각의 용도를 가진 건축물로 대부분의 공간이 채워졌고, 남은 좁은 공간에 영주들은 유원지처럼 꾸민 정원, 즉 성관 정원castle garden이 조성되었다.

한정된 공간을 꾸미기에는 특별한 방법이 필요했다. 마침 페르시아에서 식물 과학과 정원 조성법이 들어오기 시작했고, 수도사들은 이를 그들의 토양과 기후에 맞는 원예술로 재해석하였다. 여기서 원예를 뜻하는 horticulture는 '성곽 안horti'과 '재배하다culture'에서 유래된 것이다. 먼저 정원을 입체적으로 만듦으로 공간감을 살리고 풍성한 분위기를 더했다. 벽면에 격자 울타리를 세워 덩굴장미를 올리고, 화단을 지면보다 높게 하여 걸터앉을 수 있게 하거나, 분수를 설치하고, 흙을 쌓아 잔디 벤치를 만드는 등의 아이디어가 고안되었다. 또 잎이 촘촘한 수목을 활용해 미로 정원hedge maze을 만들어 미로 속에서 헤매며 즐기는 놀이 공간을 만들었다.

좁은 공간을 화려하게 꾸미기 위해 회양목과 같이 잎이 조밀한 키 작은 상록수로 기하학적인 모양을 디자인하였는데, 이를 마치 실로 매듭을 묶은 것과 같다 하여 매듭 화단knot이라 하였다. 매듭 사이의 공간에는 향기롭고 아름다운 화초류를 심거나, 색색의 흙을 채워 높은 성에서 내려다보아도 아름답게 보이도록 꾸몄다. 또한, 키 작은 관목이나 나무를 정교하게 다듬어 동물이나 다양한 형상으로 조각하는 토피어리topiary도 인기를 끌었다. 회양목이나 주목과 같은 상록수를 공이나 나선형, 동물의 형상으로 정

호르투스 팔라티누스(Hortus Palatinus), 자크 푸키에(Jacques Fouquier) (1620년 작, 독일 쿠르프펠치셰스 박물관 소장). 중세 정원의 전통 위에 엄격한 대칭과 정교한 문양 등 르네상스 정원의 질서가 더해졌다. ©Kurpfälzisches Museum / Wikimedia Commons

빌랑드리성(Château de Villandry) 매듭 화단. 기하학적 문양과 대칭 구조는 중세 수도원 정원의 전통을 계승하면서도 르네상스기의 미학으로 정교하게 재해석되었다. ©정해준

영국 레드 로지 박물관의 매듭 화단. 중세 후기에 유행했던, 회양목과 허브류를 정교하게 엮은 매듭 형태의 화단으로, 높은 성에서 내려다볼 때 아름다움이 극대화되는 귀족 정원의 전형적 양식을 재현하였다. ©Climatophile / Wikimedia Commons

영국 레벤스 홀(Levens Hall)의 토피어리 정원. 수목을 인위적으로 다듬는 기법은 좁은 성곽 안 정원에 입체적 미감을 주면서 동시에 귀족들의 예술적 취향과 부를 과시하는 도구로 인기를 얻었다.
©Rbagotlevens / Wikimedia Commons

밀하게 다듬어 정원을 더욱 입체적이고 예술적인 공간으로 만들었으며, 이는 귀족들의 부와 예술적 취향을 드러내는 상징이 되었다. 수도원의 닫힌 정원이 영적 낙원의 재현에 초점을 맞추었다면, 성곽 안 귀족들의 닫힌 정원은 점차 세속적 향락과 미적 아름다움을 추구하는 방향으로 변화해 갔다.

중세 후기로 갈수록 귀족들은 '닫힌 정원'을 화려한 사교와 오락 공간으로 발전시켰다. 당시 문학 작품인 『장미 이야기Roman de la Rose』, 『데카메론Decameron』에 묘사된 '비밀의 정원'은 사랑 고백과 향락, 놀이가 펼쳐지는 배경으로 자주 등장한다. 이러한 정원의 이미지와 감수성은 시각예술로도 확장되었다. 15세기 유럽에서는 작은 꽃과 식물이 가득한 초원을 배경으로

장미 이야기에 실린 삽화(1475년 경, 영국 도서관 소장) 견고한 성벽 안쪽으로 격자 목책, 정교한 화단, 청동 분수가 조성된 비밀의 정원에서 귀족들이 연애와 사교를 즐기는 모습을 생생하게 묘사하고 있다. ©British Library / Wikimedia Commons

하는 밀플뢰르mille-fleurs, 프랑스어로 '천 송이 꽃'이라는 뜻 양식의 태피스트리tapestry, 벽을 장식하거나 추위를 막기 위해 벽에 걸어두는 직물 예술품가 유행했다. 그중에서도 잘 알려진 작품인 유니콘 태피스트리Unicorn Tapestries; La Chasse à la licorne에는 다양하고 진귀한 꽃으로 가득 찬 닫힌 정원이 섬세하게 표현되어 있다. 이를 통해 중세 귀족들이 정

유니콘 태피스트리 연작 중 '정원에서 휴식하는 유니콘'(The Unicorn Rests in a Garden)(1495~1505년 경, 뉴욕 메트로폴리탄 미술관 소장). 이상적인 닫힌 정원 속 꽃과 유니콘의 신비로운 모습은 중세 귀족이 꿈꾸었던 순수와 낙원의 세계를 섬세한 직조로 표현하고 있다.
©Metropolitan Museum of Art

원을 지상낙원으로 삼아 풍요롭고 여유로운 삶을 즐겼음을 엿볼 수 있다.

11세기 이후 여러 차례 이어진 십자군 전쟁Crusades을 계기로 동방세계와의 교류가 활발해지면서, 서유럽 귀족들은 더 넓은 시야를 갖게 되었다. 전쟁의 위협이 잦아들고 도시 생활이 안정되자, 그들은 비좁은 성곽 안에서 벗어나 담장 너머까지 정원을 확장하고, 한층 화려하고 세련된 쾌락의 정원pleasure garden을 조성하기에 이른다. 이 과정에서 동방으로부터 전래 된 정원술은 물의 경관과 향기롭고 꽃이 아름다운 식물 활용 등 감각적 연출에 영향을 주며, 중세 후반 귀족 정원의 미학을 풍요롭게 만드는 자양분이 되었다. 성곽이라는 안전한 울타리 안에 머물던 닫혀있던 정원은, 이제 낙원을 꿈꾸는 인간의 상상력이 펼쳐지는 공간이자, 향락과 휴식이 어우러진 예술 무대로 확장되었다. 신을 경배하고 내세의 구원을 염원하던 수도원 정원과, 지상의 기쁨과 아름다움을 추구하던 귀족들의 성관 정원은 겉보기엔 매우 달랐지만, 모두 정원을 통해 인간의 욕망과 이상, 그리고 세계를 바라보는 방식이 표현되었다는 점에서 하나의 문화적 심상의 공간이었다.

이렇게 중세 유럽에서 번성한 호르투스 콘클루수스Hortus Conclusus, 닫힌 정원는, 외부 세계의 위협으로부터 자신을 지키고 신앙을 지키려던 사람들이 만들어 낸 상징적 공간이었다. 봉건 영주와 수도원, 성직자와 기사, 그리고 농민으로 구성된 중세 사회가 종교와 신분질서라는 단단한 골격을 형성하는 동안, 정원 역시 높은 담장과 성곽, 수도원 회랑에 둘러싸여 은밀하지만 강력한 힘을 발휘했다. 그곳은 수많은 상징과 약속, 그리고 삶의 기쁨과 애환이 담긴 무대이자, 변화하는 시대 속에서 끊임없이 재탄생하는 인간의 상상력이 깃든 작은 우주였던 것이다.

닫힌 정원의 균열

그러나 한편으로는, 십자군 전쟁을 계기로 동방세계의 정원 문화가 서서히 유입되고, 지중해 연안을 통해 상업과 학문 교류가 활발해지며, '닫힌 정원'의 가치관에도 조금씩 균열이 생기기 시작했다. 중세 말에 이르러 도시가 번영하고 상업 자본이 발달하면서, 단지 신과 성곽 안에 머물렀던 정원은 조금씩 새로운 변화를 모색하게 된다. 그 변화의 물결은 흑사병으로 인한 대규모 인구감소와 추락하는 교회 권위에 더욱 가속화되었다. 사람들은 '하늘만 바라보는 신앙' 대신 '인간 자체의 힘과 가치를 재발견'하려 하기 시작했고, 이를 통해 유럽 전역에 인문주의Humanism가 싹트게 된다. 마침내 15세기, 중세의 어두웠던 터널 끝에서 새로운 빛이 쏟아졌다. 그 빛은 다름 아닌 르네상스Renaissance, 고대의 화려했던 문화가 되살아나고 인간과 자연의 아름다운 조화를 꿈꾸던 시대의 여명이었다.

이제 우리는 다음 장에서 닫힌 담장 너머로 나가, 이탈리아를 중심으로 펼쳐진 찬란한 르네상스 정원을 마주하게 될 것이다. 차갑고 견고했던 수도원의 정원은 어떤 모습으로 변화했을까? 고대 로마와 그리스의 예술과 철학이 되살아나 빚어낸 수학적 비례와 합리적 설계의 아름다움은 과연 어떤 모습일까?

7장

이탈리아 르네상스:
다시 인간으로

7장

이탈리아 르네상스: 다시 인간으로

흑사병이 깨어낸 새로운 빛

천 년간 신神이 지배하는 중세의 성곽을 무너뜨린 것은 전염병이었다. 14세기 중반, 유럽 인구의 3분의 1약 5,000만 명 이상을 죽게 만든 흑사병The Pest, 1346-1353은 역설적으로 광명의 시대 르네상스의 신호탄이었다. 그러나 사실 흑사병이 닥치기 전부터, 중세 사회의 견고한 벽 틈새로는 지중해 동쪽 끝에서 피어오른 휴머니즘의 서광이 이미 스며들고 있었다.

기독교 성지를 탈환한다는 명분 아래 1095년에 시작된 십자군 전쟁은 유럽 사회에 깊은 상흔을 남겼다. 200년에 걸쳐 약 700만 명이 동원되어 200만 명 이상이 전사한 이 전쟁은 처참한 실패로 마무리되었고, 교황은 그 책임을 영주들에게 전가했다. 몰락한 영주들은 장원의 토지를 매각하며 생계를 이어갔으나, 끝내 몰락을 피하지 못했다. 이 와중에 교황청은 상인 계층과 손잡고 전쟁 물자를 조달하며 부를 축적했고, 이 사실이 알려지면서 세속화된 교회에 대한 민중의 분노와 불신은 더욱 깊어졌다. 교

죽음의 승리(De triomf van de Doods), 피터르 브뤼헐 더 아우더(1562년 경, 프라도 미술관 소장). 중세 유럽 사회를 파괴한 흑사병의 참혹한 모습을 묘사하며, 신 중심의 세계관에서 인간 중심의 르네상스로 전환하는 결정적 계기가 된 시대상을 상징적으로 드러낸다. ©Museo del Prado / Wikimedia Commons

회의 권위는 예전과는 비교할 수 없을 만큼 흔들리기 시작했다.

무너진 질서 속에서 발견한 인문주의

종교가 모든 것이었던 중세 유럽의 정신적 질서가 무너져버렸다. 게다가 흑사병이 몰고 온 극단적인 위기 속에서, 중세 유럽인들은 신앙의 의미를 근본적으로 되돌아보며 삶의 다른 가능성을 찾기 시작했다. 늘 하늘로 향했던 그들의 갈 곳 없어진 시선은 다시 주변으로 향하였다. 기존의 논리학과 형이상학은 종교적 신앙을 기반으로 한 지적 체계였으나 점

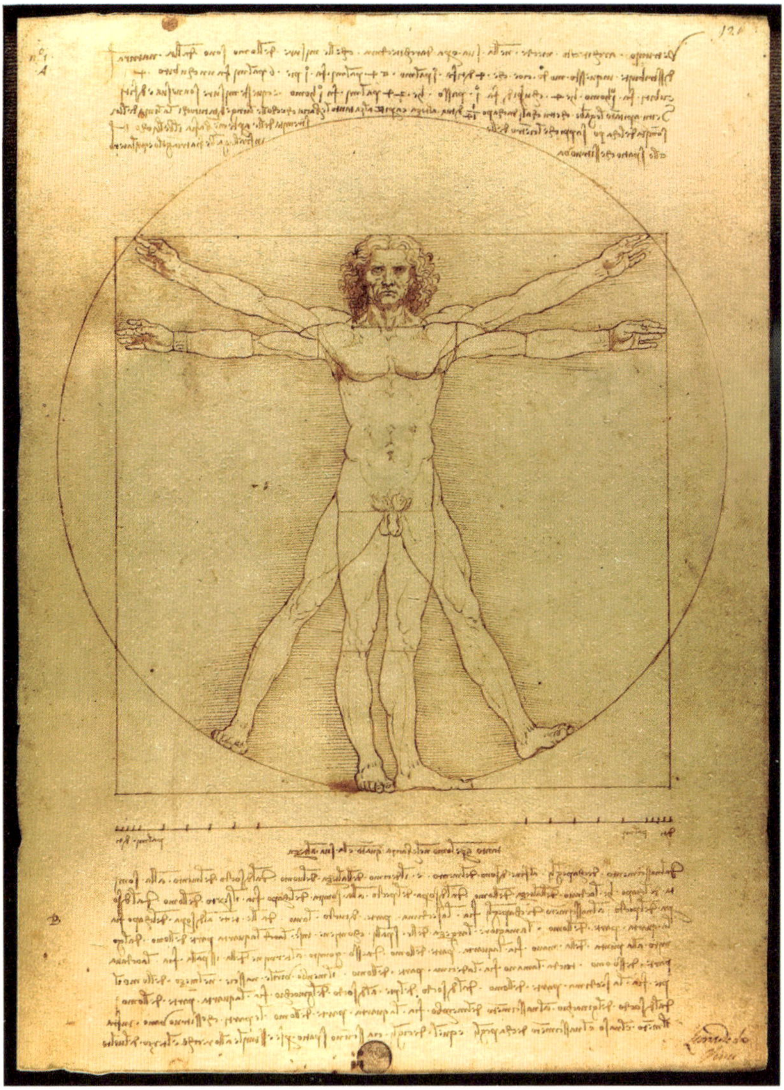

비트루비우스적 인간(Uomo vitruviano), 레오나르도 다빈치(1490년 경, 베네치아 아카데미아 미술관 소장). 완벽한 비례와 조화를 이룬 인간 신체를 통해 인문주의가 추구한 '인간 본연의 가치와 아름다움'을 표현한 르네상스의 상징적 작품으로, 이성과 합리성의 강조는 르네상스 정원이 가진 기하학적 질서와 인문주의적 정신의 토대가 되었다. ©Gallerie dell'Accademia / Wikimedia Commons

차 신뢰를 잃게 되었고, 시민들은 현실 속에서 새로운 도덕적 인간상을 찾고자 철학, 윤리학, 정치학, 과학, 의학 등 다양한 분야에 관심을 돌리기 시작했다. 이 과정에서 중세의 수도사들이 간직하고 있던 고대 그리스와 로마의 고전 문헌들, 그리고 유럽 곳곳에 남아 있던 고대 문명의 폐허는 이들에게 최고의 교과서이자 영감의 원천이 되었다.

이렇게 신 중심의 중세 문화에서 벗어나 인간성을 강조하며 고대 문화에 대한 관심과 열정을 되살리는 흐름을 인문주의Humanism라 한다. 인문주의는 인간 지성에 대한 신뢰를 바탕으로, 인간의 창의력과 이성, 그리고 합리적 가능성을 탐구하고 이를 예술로 표현하려는 지적·문화적 운동으로 나타났다. 바로 이러한 인간 본성 탐구와 창조적인 예술 활동이 '다시re-+태어난다naissance'는 의미를 담아, 르네상스Renaissance라 불리며 새로운 시대의 문을 열었다.

중세 말 유럽에서 일어난 상업 발전과 도시화는 과거와 비교하면 훨씬 많은 사람에게 지식과 예술에 접근할 수 있는 길을 열어주었다. 수도원 중심이던 기존의 교육은 서서히 세속적인 지식과 문화로 확장되었고, 인쇄술의 발명은 고대 문헌과 학문적 성과들이 빠르게 대중에게 전파되는 데 결정적 역할을 했다. 이러한 변화 속에서 사람들은 더 이상 신의 섭리에만 매달리지 않고, 인간 자신의 삶과 현실 세계를 주체적으로 탐구하고 이해하고자 하는 의지를 키워나갔다.

고대 로마의 향기, 이탈리아에서 다시 피어나다.

15세기, 중세 사회가 붕괴하고 새로운 시대가 열리는 전환점의 중심에는 이탈리아가 있었다. 이탈리아인들이 지닌 고대 로마 문화에 대한 자부심과 향수, 그리고 국토 이곳저곳에 남아있던 풍부한 유적들은 고대 문화 부흥의 적지가 되기에 충분했다. 지리적으로 동서 교류의 중심에 위치한 이탈리아는 비잔틴 제국으로부터 고대 그리스 문화의 정수를, 이슬람 세계로부터 수학, 과학, 의학, 천문학 등 선진 학문을 받아들여 고대 로마 문화와 폭발적인 화학적 융합을 이루었다. 베네치아, 제노바, 피사와 같은 이탈리아 북부 도시들은 십자군 원정로에 위치한 지리적 이점을 바탕으로 동방과의 교역을 주도하며 무역의 중심지로 부상했다. 농업 중심의 봉건 사회에서 상업 중심의 도시 사회로 전환되면서, 봉건 영주를 대신하는 새로운 도시 귀족 계층이 등장하였다. 이들은 상거래 독점과 신용 거래의 확대로 쌓은 막대한 재력으로 정치 권력까지 장악한 상인, 산업 자본가, 금융업자들이었다. 이 신흥 부유층은 자신의 재력을 밑천으로 고대 그리스와 로마 문화와 예술을 계승하고자 교육기관을 설립하고, 예술가, 철학자, 과학자들을 적극적으로 후원하며 르네상스 문화의 발전을 주도하였다.

토스카나Tuscany지역의 피렌체Firenze는 15세기 유럽의 문화 수도였다. 양모 가공업을 기반으로 상업이 번창하면서 많은 상인들이 막대한 부를 축적했고, 이들은 신흥 귀족 계층으로 부상하였다. 그중에서 은행업으로 두각을 나타낸 메디치Medici 가문은 코시모 데 메디치Cosimo de'Medici, 1389-1464의 시대부터 강력한 정치적 영향력을 발휘하며 피렌체의 지배자로 군림하게 된다. 메디치 가문은 대를 이어 학문과 예술 애호가이자 후원자로 활약하며, 피렌체를 인문주의자와 예술가들이 모여드는 르네상스의 중심지로 만들었다. 그들의 후원을 받은 인문주의자들은 고대 철학을 연구하여 인간성 회복뿐만 아니라, 인간이 완전함과 최고의 상태에 도달하는 방법을 모색하였다. 그들은 인간의 완성은 자연의 법칙을 이해함으로써 가능하다고 믿었고, 이러한 지적 탐구는 르네상스 운동의 철학적 마련하는 데 결정적인 역할을 하였다.

빌라 문화와 오티움: 인간적 삶의 추구

인문주의가 추구한 이상 중 하나는 바로 '자연과 함께하는 삶'이었다. 자연은 인간의 삶을 둘러싼 이상적인 환경으로 여겨졌으며, 예술가들에게는 창조적 영감과 미적 표현의 원천이 되었다. 피렌체를 대표하는 인문주의자 프란체스코 페트라르카Francesco Petrarca, 1304-1374와 조반니 보카치오Giovanni Boccaccio, 1313-1375는 복잡한 도시를 떠나 자연과 조화를 이루는 삶을 추구했다. 그들은 자연 속에서 질서와 법칙을 깨닫고, 건강하고 품격 있는 전원생활을 인

빌라 메디치 피에졸레(Villa Medicea a Fiesole)에서 내려다본 피렌체 전경. 고대 그리스에서 높은 언덕 위 아크로폴리스가 성스러운 신의 영역이었다면, 르네상스 시대 언덕 위 빌라는 귀족과 자본가들이 도시를 내려다보며 자연과 문화를 향유하고, 현실의 이상향을 추구하는 공간으로 변모했다. ©김수진

류가 지향해야 할 이상으로 찬미했다. 그들의 사유는 고대 로마 귀족들이 영혼의 기쁨을 위해 실천하던 능동적 휴식이자 자아실현 방식인 오티움 otium 문화를 르네상스의 시대정신 속에서 새롭게 되살린 것이기도 했다.

이처럼 전원에서의 휴양과 자연과의 교감은, 높은 지위에서 오는 피로와 책임감에서 벗어나 안식을 찾고자 했던 신흥 도시 귀족들과 인문주의자들 사이에서 큰 인기를 얻었다. 자연의 아름다움을 감상하는 문화가 유행으로 자리잡으면서, 경관이 뛰어난 토스카나 지역 도시 근교에는 주변 경치을 조망하며 자연을 즐길 수 있도록 언덕 높은 곳에 고대 로마의 빌라villa를 새롭게 해석한 별장과 정원이 조성되기 시작했다.

르네상스의 도시 귀족들은 빌라와 정원에서 가족과 친구들과 함께 대화와 사색을 즐기며 품격 있는 전원 문화를 추구했다. 이곳에서는 예술과

빌라 메디치 피에졸레. 피렌체 근교 피에졸레에 코시모 데 메디치가 1457년에 조성한 또 다른 빌라로, 건축가 레온 바티스타 알베르티의 설계로 기하학적 비례와 조화를 중시한 구조와 주변 풍경과의 조화를 통해 인간과 자연의 이상적 관계를 구현하였다. ©김수진

정치, 철학과 과학 등 다양한 주제를 두고 활발한 토론이 이어졌다. 자연 속에서의 휴식을 취하면서 동시에 학문적 탐구를 지속하는 삶의 방식은 높은 가치를 인정받았다. 이러한 문화는 고대 로마에서 추구되었던 오티움otium의 전통과 연결되면서도, 인문주의적 가치관에 따라 새롭게 해석되어 귀족 계층 전반에 널리 영향을 미쳤다.

메디치 가문의 전성기를 이끈 코시모 데 메디치Cosimo de'Medici, 1389-1464는 피렌체 근교 카레지Careggi 언덕의 빌라Villa medicea di Careggi, 카레지의 메디치 빌라에 정원을 가꾸었다. 이 별장은 코시모가 최초로 신플라톤주의 아카데미Accademia neoplatonica를 창립한 곳으로, 당시 피렌체를 대표하는 인문학자와 예술가들이 자주 모여들던 지성의 중심지였다. 코시모에게 정원은 단지 배를 불리고 눈을 즐겁게 하는 공간이 아니라, 자신의 내면과 영혼을 가꾸며 오티

카레지의 메디치 빌라. 피렌체 근교 카레지 언덕에 위치한 빌라로, 코시모 데 메디치가 정원을 중심으로 인문주의자들과 함께 사색과 철학적 토론을 펼쳤던 곳이다. 이곳은 르네상스 인문주의의 발상지이자 새로운 전원문화의 출발점이었다. ©sailko / Wikimedia Commons

움을 즐기는 특별한 장소였다. 그가 내건 별장의 단 하나의 운영 원칙은 '당신이 정말로 하고 싶은 일을 하시오'였다고 전해진다. 이곳 정원에서 코시모는 인문학자와 예술가들과 함께 학문의 공동체를 조직하였고, 그 속에서 초월적 사고와 감성적 직관, 창조적 영감이 넘치는 르네상스의 사상적 토대를 마련하게 되었다.

한편, 코시모는 피렌체 근교에 또 다른 빌라를 조성했다. 바로 언덕 도시 피에졸레Fiesole에 자리한 빌라 메디치 피에졸레Villa Medicea a Fiesole였다. 1457년 건축된 이 빌라는 저명한 건축가이자 인문주의 사상가인 레온 바티스타 알베르티Leon Battista Alberti, 1404-1472의 설계 아래, 인간의 이성과 자연이 완벽히 조화를 이루는 르네상스 정원의 이상을 구현한 곳이었다. 알베르티는 건축을 미적 아름다움을 넘어, 철학적이고 윤리적인 완벽성을 추구하는 매개로 여겼으며, 빌라 메디치 피에졸레의 공간 구성과 정원 역시 그러한 이상을 담고 있다. 그는 조화로운 비례와 균형을 설계 원리로 삼아, 자연의 무질서를 인간의 이성으로 통제하고 완성할 수 있다는 인문주의적 신념을 건축과 정원에 구체화하였다.

높은 언덕 위에 자리한 덕분에 빌라는 주변의 아름다운 풍광과 하나가 되어, 자연을 그저 바라보는 대상으로 두지 않고 하나의 예술적 요소로 승화시켰다. 빌라에서 내려다본 토스카나의 전원 풍경은 마치 거대한 회화 작품처럼 펼쳐졌고, 자연과 인간이 조화를 이루며 상호작용하는 풍경 예술은 이후 르네상스 정원의 핵심 특징으로 자리 잡았다. 이곳 역시 코시모가 인문주의자들과 대화를 나누고 철학적 사색을 즐겼던 중요한 오티움의 공간으로, 르네상스 시대의 인문주의적 삶의 방식을 상징하는 장소가 되었다.

휴머니즘과 정원의 과학

빌라와 정원 조영은 고대 로마의 전통을 계승하면서도 창조적으로 재해석되었다. 인문학자들이 발굴한 비트루비우스Marcus Vitruvius Pollio, 80-15 B.C 경의 고전 『건축술에 대하여De Architectura』에서 강조된 기하학적 구성과 수학적 비례 원리가 정원 디자인의 핵심 원칙으로 자리 잡았다. 이는 기존의 신 중심 중세적 사고에서 벗어나, 수학적이고 합리적인 비례 체계를 통해 우주의 근본적인 질서를 표현할 수 있다는 새로운 과학적 인식의 반영이었다. 정원의 모든 구성 요소들, 즉 경사진 지형을 따라 배치된 나무와 꽃, 건축물, 수로와 분수는 인간의 기술과 설계를 통해 질서, 균형, 통일이라는 원칙 아래 체계화되었고, 살아 있는 식물조차 형태와 색채, 질감을 정원의 전체 구조에 맞춰 통합시켰다. 즉, 정원 예술은 그 자체로 조화롭게 질서

카스텔로 빌라(Villa di Castello) 조감도. 지우스토 유텐스(1599년 작, 피렌체 코메라 박물관 소장). 정중앙 축을 따라 펼쳐지는 대칭적 구조는 르네상스 정원의 질서와 권위를 시각화하는 주요한 디자인 방법이었다. ©Museo di Firenze com'era / Wikimedia Commons

가 잡힌 자연을 모방하는 수준을 넘어, 인간이 가꾸고 통제한 정원 밖 경관과 조화를 이루게 함으로 자연의 위상을 오히려 높이는 단계까지 이르게 된 것이다. 이러한 르네상스 정원의 개념과 기술은 16세기 들어 정치와 경제의 중심이 피렌체에서 로마로 이동함에 따라, 로마 근교에도 수많은 빌라와 정원이 새롭게 조성되는 계기가 되었다.

르네상스 정원은 식물만으로 구성된 단순한 공간이 아니라, 조각상과 분수 등 다양한 요소가 어우러진 종합적이고 복합적인 예술 공간이었다. 정원에 배치된 조각상은 주로 고대 신화나 역사 속 인물, 동물을 형상화한 것으로, 고전 문화를 인문주의적 시각에서 새롭게 해석하고자 하는 정신을 상징적으로 드러냈다. 또한 분수와 수로는 정원을 장식하는 수단을 넘어, 자연을 인간의 의지와 기술로 통제하고 다스릴 수 있다는 르네상스 시대의 세계관을 반영하는 상징적 장치였다. 이러한 정원 구성에는 추상

빌라 란테(Villa Lante)의 기하학적 화단. 정원 전체가 엄격한 비례와 질서로 디자인되어, 인문주의 시대에 인간이 자연을 합리적으로 통제하고자 했던 르네상스 정신을 드러낸다. ©Roberto Ferrari / Flickr

적인 개념을 상징적인 이미지나 이야기로 풀어내는 예술적 기법인 알레고리allegory, 비유적 상징가 자주 활용되었다. 특히 조각상이나 분수는 덕성virtue, 지혜, 사랑, 자연의 힘과 같은 인문주의적 가치와 철학을 은유적으로 표현하는 도구로 사용되었다. 즉, 르네상스 정원은 시각적 아름다움을 넘어, 인문주의 사상을 품은 알레고리적 공간이자, 당대의 과학과 기술적 진보를 상징하는 무대였던 것이다.

빌라 데스테: 물과 예술이 빚어낸 르네상스 극치

로마 근교 티볼리Tivoli의 빌라 데스테Villa d'Este는 이탈리아 르네상스 정원에서 가장 웅장하고 잘 보존된 곳 중 하나로 손꼽힌다. 29세의 젊은 나이에 추기경이 된 이폴리토 2세Ippolito (II) d'Este, 1509-1572는 1550년 교황 선거에서 낙선한 뒤, 티볼리의 주지사로 임명되었다. 그는 이루지 못한 교황의 꿈을 대신해 티볼리에 웅장한 빌라와 화려한 정원을 조성함으로써 자신의 열망을 드러내고자 했다.

정원의 설계는 당시 교황청 소속 건축가였던 피로 리고리오Pirro Ligorio 약, 1512-1583가 맡았다. 그는 빌라 데스테와 멀지 않은 곳에 위치한 고대 로마 빌라 유적인 빌라 아드리아나Villa Adriana, 4장 참고의 발굴을 주도한 고고학자이기도 했다. 리고리오는 고대 로마 빌라 건축에 대한 깊은 이해를 바탕으로 정원 밖에 펼쳐진 주변 산과 들, 마을의 풍경을 정원 내부로 자연스럽게 끌어들이는 치밀한 설계를 실현했다. 그는 평원을 내려다보는 가파른 산비탈 지형을 활용하여, 네 개 층의 거대한 테라스terrace, 경사지를 평평하게 깎아 층층이 만든 평탄한 단를 조성하고, 이를 통해 다양하고 풍성한 정원의 경관을 입체

빌라 데스테의 넵튠의 분수와 양어지. 가파른 테라스를 따라 역동적으로 흐르는 물줄기와 정교한 분수는 르네상스 정원이 추구했던 인간 이성의 힘과 자연의 완벽한 조화를 극적으로 보여준다. ©Marian Florinel Condruz / Ubsplash

빌라 데스테의 백개의 분수. 일정한 간격과 리듬으로 배치된 수많은 분수에서 뿜어져 나오는 물줄기는 인간의 기술과 예술적 상상력이 결합된 르네상스 정원의 절정이라 할 수 있다. ©김수진

적으로 구성하였다. 각 테라스는 중심 축이 되는 산책로로 연결되었으며, 층마다 기하학적이고 대칭적인 구조 위에 독창적인 주제를 담은 정원이 조성되었다.

테라스와 테라스 사이의 공간에는 넵튠의 분수, 원형 분수, 오르간 분수, 백 개의 분수, 용의 분수 등 약 500여 개의 분수가 유기적으로 연결되어 흐르고 있다. 이러한 물의 흐름과 소리는 공간 전체에 생동감을 불어넣었고, 빌라 데스테는 유럽에서 가장 완성도 높은 '물의 정원'으로 평가받았다. 이는 르네상스가 추구한 입체적이고 역동적인 정원의 개념을 현실 속에 구현한 결정적 장면이었다.

빌라 데스테의 독창적인 정원은 이후 유럽 전역에 '이탈리아식 정원'이라는 새로운 미학의 흐름을 퍼뜨리는 계기가 되었다. 프랑스, 독일, 영국 등지의 궁정과 귀족 사회에서도 정원에 대한 관심이 높아지면서, 빌라 데스테가 보여준 정교한 비례와 균형의 섬세한 장식미, 그리고 물을 매개로 한 감각적 연출은 시대와 지역을 넘어 다양한 형태로 재해석되며 유럽 정원 양식의 전형을 만들어냈다.

'뉴 노멀' 시대의 정원, 그리고 권력의 시대로

전염병으로 인해 흔들렸던 세상에서 사람들은 다시 지상의 정원을 바라보았다. 그 속에서 태어난 르네상스 정원은 인간과 자연의 아름다운 공존이라는 '새로운 시대의 낙원'을 열어주었지만, 역사의 물결은 이마저도 가만두지 않았다. 유럽의 권력과 부富는 점차 이탈리아반도를 벗어나 대륙으로 이동했고, 이와 함께 정원은 더 이상 단지 조화로운 아름다움만을 추구하는 공간이 아니게 되었다. 국가와 왕권이 등장하면서, 정원은 이제 통제와 위엄, 절대권력을 과시하는 거대한 무대로 탈바꿈하기 시작한 것이다.

이제 우리는 다음 장에서 르네상스의 이상이 어떻게 왕의 권력과 만나 화려하고 웅장한 바로크 정원을 탄생시켰는지 만나보게 된다. 특히 프랑스의 태양왕 루이 14세는 베르사유 정원을 통해 신의 자리를 대신하고자 했다. 자연마저도 왕의 손에 의해 철저히 질서와 통제 아래 놓이게 된 그곳에서, 정원은 이제 '왕권의 무대'가 되어 전 세계를 놀라게 한다.

인간과 자연의 아름다운 균형을 추구했던 르네상스 정원이 어떻게 절대권력의 상징인 바로크 정원으로 변모했는지, 이제 그 화려하고 극적인 변화의 이야기를 만나볼 차례다.

8장

프랑스 바로크:
권력과 통제 정원

8장

프랑스 바로크: 권력과 통제 정원

30년 전쟁과 절대왕정의 부상

로마 가톨릭을 지지하는 국가들와 개신교 국가들 사이에서 벌어진 30년 전쟁Guerre de Trente Ans, 1618-1648은 유럽의 정치와 경제 지형을 완전히 바꿔놓았다. 종교적 갈등으로 촉발된 이 전쟁은 곧 여러 국가의 복잡한 이해관계가 얽히며, 오스트리아의 합스부르크 가문Haus Habsburg 프랑스 부르봉 왕가Maison de Bourbon의 권력 투쟁으로 확대되었다. 이는 곧 중세 봉건제와 근대적 전제군주제 간의 충돌로 이어졌으며, 유럽이 중세에서 근대로 이행하는 데 결정적인 전환점이 되었다.

1648년, 오랜 전쟁을 마무리 지은 베스트팔렌 조약Westfälischer Friede을 주도한 승리자 프랑스는 유럽의 새로운 질서를 이끌 기회를 얻게 되었다. 그러나 정작 프랑스 국내는 정치적 혼란 속에 불안정한 상태에 놓여 있었다. 봉건적 특권을 위협받던 귀족들은 부르봉 왕권에 반발해 내란을 일으켰고, 결국 왕실은 파리를 떠나야 했다. 이 격동의 시기를 어린 나이에 겪은 루이 14세Louis XIV, 1638-1715는 권력의 본질을 깊이 깨달았다. 그는 파리로 돌아와 반체제 세력을 제압하고, 1655년 국왕의 권위는 신으로부터 부여된 절대적 권력임을 천명했다. '짐이 곧 국가L'État, c'est moi' 루이 14세가 실제 발언을 했는지는 확실하지 않다. 그는 오히려 "나는 죽지만 국가는 영원히 남는다(Je m'en vais, mais l'État demeurera toujours)"라는 반대 의미의 유언을 남긴바 있다.라는 그의 말과 함께, 프랑스 절대왕정Absolute Monarchy의 서막이 열렸다.

군주가 국가의 모든 권력을 독점하는 절대왕정을 유지하려면 막대한 재정과 강력한 통치 수단이 필요했다. 당시 프랑스에서 가장 부유한 존재가 된 루이 14세는, 지방의 봉건 귀족들을 감시하고 잠재적인 반란 가능성을 사전에 차단하기 위해 엄격한 규율과 권위 아래 그들을 통제하고자 했다. 이를 위해 그는 귀족 세력이 강했던 파리 도심을 벗어나 인근 교외에 새로운 궁전을 짓기로 결심했다. 약 30년이라는 오랜 공사 끝에 1689년, 그 어디에서도 찾아볼 수 없을 만큼 화려한 궁전인 베르사유궁Château de Versailles이 완성되었다.

1685년 5월 15일, 제노바 도제가 루이 14세에게 배상금을 지불함(Réparation faite à Louis XIV par le doge de Gênes, 15 mai 1685). 클로드 기 할레(1715년 작, 베르사유 궁전 소장). 베르사유 궁전의 거울의 방에서 벌어진 역사적 사건을 묘사하고 있는 이 작품은 절대군주 루이 14세의 권위와 위엄을 보여주고 있다. 베르사유 궁은 정치적 권력을 시각적으로 구현하는 바로크 시대를 상징하는 공간이었다. ©Palace of Versailles / Wikimedia Commons

베르사유 궁전에서의 가면무도회(Bal masqué). 샤를 니콜라 코친(1745년 작, 뉴욕 메트로폴리탄 미술관 소장). 화려하고 연극적인 궁정 행사는 루이 14세 이후에도 프랑스 귀족사회에서 중요한 문화적 의례로 자리 잡았다. 베르사유는 이러한 축제적 분위기 속에서 절대왕정의 권력과 화려함을 드러내는 무대가 되었다. ©Metropolitan Museum of Art

완공된 궁전으로 프랑스 왕족은 물론 지방 귀족들까지 대거 이주시켜 함께 생활하도록 하였다. 화려한 궁전 생활에 취한 귀족들은 이제 어떠한 종류의 승진이나 특권을 얻기 위해서라도 반드시 왕의 관심을 끌어야만 했다. 루이 14세는 귀족들에게 옷차림과 표정, 식사법에서 걸음걸이에 이르기까지 일상의 모든 면을 세세히 규정한 복잡하고 형식적인 예의, 즉 에티켓etiquette을 강요하였다. 어떻게든 왕에게 잘 보이고 싶은 지난날의 거칠고 기세등등하던 귀족은 에티켓을 따르며 잘 길든 온순한 궁신으로 변모해갔다. 바로크 예술과 프랑스 고전주의Classicisme가 융합된 베르사유궁의 화려함은 겉으로는 찬란했지만, 그 이면에는 절대왕권을 향한 복종과 통제의 시스템이 작동하고 있었다. 궁전의 외부, 정원조차도 이 위엄의 연극이 펼쳐지는 장대한 무대였던 것이다.

데카르트의 사상과 기하학적 프랑스식 정원의 탄생

17세기 프랑스 사상의 중심에는 데카르트René Descartes, 1596-1650의 철학이 있었다. 인문주의 교육 속에서 성장한 그는 "나는 생각한다, 고로 존재한다Cogito, ergo sum"라는 짧지만 강력한 문장을 통해 인간을 세계의 중심에 세웠다. 이성적 사고를 통해 세계를 지배할 수 있다는 신념에 차 있던 데카르트는, 인간의 지적 능력으로 자연을 통제하고 더 나은 방향으로 변화시킬 수 있다고 믿었다. 이성은 신의 계시를 대신하여 세계를 이해하는 열쇠가 되었고, 자연은 수학과 논리를 통해 분석되고 통제되어야 할 대상으로 전환되었다. 무한한 공간은 기하학적으로 분할되고, 그 안의 모든 움직임은 직선과 규칙의 언어로 해석되었다. 이러한 생각은 그가 고안한 해석기하학解析幾何學, analytic geometry의 기반이 되었으며, 규율과 논리를 강조하는 당시 프랑스의 사회적 분위기와 결합하여 문화 전반에 큰 영향을 미쳤다. 결국 이러한 이성 중심적 세계관은, 결국 인간이 자연을 엄격히 통제하고, 기하학적 형식미와 질서를 구현하려는 정원 양식으로 구체화되었고, 이는 '프랑스식 정원jardin à la française'이라는 독창적인 예술로 탄생하게 되었다.

이러한 경향은 곧 예술 전반에 등장한 바로크Baroque 양식과 연결된다. 본래 포르투갈어로 '일그러진 진주barroco'를 의미하는 이 말은 처음에는 기이하고 과장된 양식을 부정적으로 일컫는 용어였다. 하지만 17세기에 이르러 건축, 회화, 음악 등 예술 전 분야에서 화려하고 극적인 스타일이 유행하면서, 바로크는 오히려 긍정적이고 찬란한 예술 정신의 상징으로 재평가되었다. 바로크 양식의 핵심은 웅장함과 역동성, 그리고 강렬한 연출 효과에 있었다. 이러한 바로크의 화려하고 웅장한 미감이 절대왕정 시대 군주들에게 자신의 권력과 위엄을 과시할 수 있는 효과적인 도구로 적극 활용되었다. 즉, 기하학적 형식미와 화려한 장식을 강조하는 프랑스식 정원은 데카르트의 이성 중심적 사유와 바로크적 미학이 결합된 결과로, 왕의 권력과 통치 이념을 극적이고 연극적으로 드러내는 상징적 공간으로 발전하게 된 것이다.

앙드레 르 노트르: 권력을 위한 정원 예술

프랑스식 바로크 정원을 창조하고 완성한 인물은 앙드레 르 노트르André Le Nôtre, 1613-1700였다. 왕실 정원사였던 아버지의 영향을 받아 성장한 그는 기하학과 원근법, 회화, 건축, 원예술 등 다양한 분야에서 엘리트 교육을 받으며, 정원을 단순한 공간 연출을 넘어 추상적이고 상징적인 예술의 영역으로 바라보게 되었다. 르 노트르는 특히 데카르트의 해석기하학을 설계 도구로 적극 활용하며, 무한히 펼쳐진 자연 공간을 질서 있는 기하학적 구도로 재편했다. 그의 정원 설계는 마치 인간이 신의 영역에 도전하듯, 자연을 엄격히 통제하고 지배하려는 의지를 담고 있었다. 르 노트르는 철저한 비례감과 정교한 시각적 효과를 통해, 자연조차도 인간의 이성과 의지로 완벽하게 다룰 수 있다고 믿었다. 이러한 신념은 인간 중심의 세계관을 강조한 바로크 시대의 철학을 그대로 반영하고 있다.

르 노트르의 데뷔작은 당시 프랑스 재무장관이자 막강한 재력가였던 니콜라스 푸케Nicolas Fouquet, 1615-1680가 소유한 보르비콩트 저택Château de Vaux-le-Vicomte, 1661 정원이었다. 푸케는 자신의 정치적 야망과 사회적 지위를 국왕과 귀족들에게 과시하고자 사람들이 살던 마을 세 곳을 철거하고 그 자리에 화려한 대저택과 웅장한 정원을 건설하였다. 예술을 사랑했던 그는 예

앙드레 르 노트르의 초상화. 카를로 마라타(1681년 작, 베르사유 궁전 소장). 루이 14세의 정원 설계를 책임진 앙드레 르 노트르는 데카르트의 합리적 철학을 바탕으로 자연을 기하학적 구조와 완벽한 비례로 재구성한 프랑스식 정원을 창조하였다. 그의 정원 설계는 인간의 이성과 기술이 자연을 제어할 수 있다는 바로크 시대의 철학을 공간 예술로 구현한 것으로 평가받는다. ©Palace of Versailles / Wikimedia Commons

술가들의 상상력과 창의력을 존중했고, 그들에게 제약 없는 환경을 제공했다. 이 덕분에 르 노트르는 첫 작품임에도 자신의 철학과 예술적 이상을 온전히 구현한 기념비적인 기하학식 정원을 탄생시킬 수 있었다.

그러나 푸케의 화려한 정원은 정치적 경쟁자였던 장-밥티스트 콜베르 Jean-Baptiste Colbert, 1619-1683에게 출세를 위한 공격의 빌미가 되고 말았다. 신하가 국왕보다 더 화려한 정원을 조성한 것에 불쾌해하며 질투하던 루이 14세에게, 콜베르는 푸케가 공금을 횡령해 대저택과 정원을 지었다고 모함하였다. 결국 푸케는 횡령 혐의로 체포되어 감옥에 갇혔고, 그의 재산과 저택뿐 아니라 정원의 화려한 조각품과 희귀한 수목까지 모두 왕실에 몰수되었다. 이처럼 정원을 통한 과시적 화려함은, 그의 명성을 드높이려는 의도와는 달리 몰락을 초래하는 비극의 원인이 되고 말았다.

보르비콩트 정원은 르 노트르에게 데뷔작 이상의 의미를 지닌다. 그는 이곳에서 데카르트의 철학이 강조한 이성과 논리의 개념을 실제 정원 공간 속에 완벽하게 구현해냈다. 정원의 중심축을 중심으로 엄격하게 배열된 화단, 원근법을 활용해 시각적으로 공간이 무한히 확장되는 효과를 연

보르비콩트 저택과 정원 전경. 앙드레 르 노트르가 설계한 이 정원은 엄격한 기하학적 대칭과 광대한 원근법, 그리고 수로와 화단의 섬세한 배열을 통해 프랑스식 바로크 정원의 새로운 기준을 제시하였다. ©David Perbost / Wikimedia Commons

보르비콩트 저택의 정원. 정밀하게 다듬어진 화단과 명확한 중심축을 가진 기하학적 구성은 르 노트르 특유의 설계기법으로, 훗날 베르사유 궁전 정원의 핵심 양식으로 발전했다. ©Olga Khomitsevich / Flickr

출한 산책로, 그리고 분수와 조각을 활용한 극적인 연출은 보르비콩트를 바로크 정원의 결정적 모델로 자리매김하게 했다. 이 정원은 프랑스를 넘어 유럽 전역의 정원 디자인의 흐름을 바꾸는 전환점이 되었고, 르 노트르의 혁신적인 설계 능력은 곧 루이 14세의 눈길을 사로잡았다. 이는 그가 훨씬 더 웅장하고 화려한 베르사유 궁전 정원을 설계할 결정적 기회를 얻게 되는 계기가 되었다.

베르사유 정원: 왕의 절대 권위를 극대화하다.

보르비콩트 사건 이후 루이 14세의 절대적 신임을 얻은 콜베르는, 1665

년 공식적으로 재무장관에 임명되어 프랑스 재정을 실질적으로 장악하게 되었다. 그는 중상주의重商主義, Mercantilism 정책을 주도해 국가재정을 크게 확충했고, 이는 왕실의 대규모 건축 사업을 뒷받침하는 든든한 토대가 되었다. 재정적 기반을 확보한 루이 14세는 귀족 세력이 집중된 파리를 벗어나 왕의 절대성을 시각적으로 구현할 수 있는 새로운 궁전의 건설을 결심했다. 그 장소는 선대 왕들의 소박한 사냥터였던 베르사유였다. 자신을 태양왕Le Roi Soleil이라 칭하며 권위와 통치 철학을 드러내고자 한 그는, 웅장하고 화려한 베르사유 궁전Château de Versailles과 정원을 통해 그 야망을 실현하고자 했다. 그리고 그 야심 찬 계획을 이끌어갈 적임자로, 보르비콩트에서 뛰어난 역량을 증명한 르 노트르를 선택하였다.

르 노트르는 궁전과 정원을 하나의 거대한 조형 예술로 바라보며, 그

베르사유 궁전과 정원의 전경. 르 노트르의 설계로 완성된 베르사유 정원은 거대한 주축선을 따라 완벽한 대칭과 질서를 이루며 루이 14세의 절대 권력을 시각적으로 표현하고 있다.

중심에 주축선axis을 두었다. 모든 구조는 이 축을 따라 정밀하게 정렬되었고, 대칭과 균형, 질서와 통제가 정원의 기본 원칙이 되었다. 특히 광학과 원근법을 능숙하게 활용해, 공간이 현실의 경계를 넘어 무한히 확장되는 듯한 착시를 만들어냈다. 베르사유의 정원은 중심 축과 이를 가로지르는 여러 개의 횡축, 방사형 축이 정교하게 맞물려 거대한 기하학적 질서를 이룬다. 이 중심 축은 수백 개의 거울로 장식된 궁전 중앙의 거울의 방Galerie des Glaces에서 시작되어 정원 중심부를 관통하며 곧게 뻗어 나간다. 그 구조는 마치 왕이 머무는 공간에서 빛이 응축되어 사방으로 태양처럼 퍼져 나가는 장대한 상징 구조를 완성한다.

이러한 축선 구조는 정원 곳곳의 건물과 분수에까지 확장되어, 태양처럼 퍼지는 왕권의 상징을 시각화한다. 화분, 벤치, 조각상 하나하나에 새

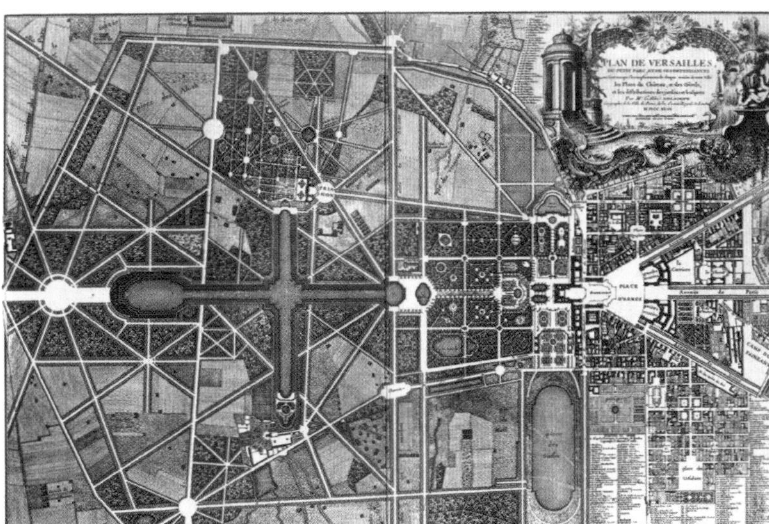

베르사유 궁전과 정원 전체 평면도. 장 드라 그리브(1746년 작, Gallica 소장). 궁전 중심에서 정원의 대수로까지 뻗어나가는 정교한 기하학적 축선과 완벽한 대칭 구조는 베르사유 정원이 태양왕 루이 14세의 절대 권력과 권위를 상징적으로 표현하고 있음을 명확히 보여준다. ©Jean Delagrive / Wikimedia Commons

겨진 태양 문양은 왕이 곧 중심이자 질서의 원천임을 암시한다. 궁전의 침실에서 창을 통해 바라본 정원의 풍경 또한 예외가 아니다. 어느 방향으로 시선을 돌리든, 기하학적으로 정렬된 풍경이 정밀하게 포착되도록 설계되어 있다. 그것은 왕의 눈이 세상 모든 것을 내려다보고 통제하는 듯한 시선을 연출하는 권력의 연극이었다.

자연조차 르 노트르의 정원에서는 이성의 명령에 따라 배열되었다. 언덕은 깎여 평지가 되었고, 잔디는 사각형의 틀 안에서 단정히 말아 올려졌다. 초목과 꽃으로 섬세하게 채워진 자수화단parterre을 마치 비단 위에 수를 놓은 듯 정원 전체에 화려한 결을 더했다. 주축선을 강조하기 위해 나무는 일렬로 심어져 거대한 녹색 벽처럼 시각적 경계를 형성했고, 과감한 가지치기로 인공적인 형태를 더욱 강조하였다. 상록수를 다양한 조형으

레토나의 분수(Le bassin de Latone)에서 대수로(Grand Canal)를 바라본 베르사유 정원의 전경. 완벽한 기하학적 축과 끝없이 펼쳐지는 원근감은 루이 14세의 절대적 권력을 상징적으로 표현하고 있다. ©정해준

오렌지원(L'Orangerie)과 자수화단(parterre). 지중해성 식물을 기르는 오렌지원은 왕의 권력과 부를 상징하며, 정교한 문양으로 꾸며진 자수화단은 자연을 완벽히 통제하고자 했던 프랑스식 바로크 정원의 특징이다. ©정해준

로 다듬은 토피어리topiary는 그 자체로 왕권과 인간 이성이 자연 위에 군림하고 있음을 상징했다. 이렇게 조성된 정원은 계절의 흐름에도 흔들리지 않는 절대적 미감과 통일감을 유지하며, 절대적 질서와 통제 아래 놓인 자연의 이상형을 구현하는 무대가 되었다.

물 또한 정원 안에서는 자유로운 흐름이 아닌, 기하학적으로 가다듬어진 연못과 수로 속에서 철저히 통제되었다. 십자형으로 뻗은 수로, 정교하게 배치된 수천 개의 분수는 정원의 생동감을 배가시키며, 인간의 의지로 자연을 연출하는 절대왕정의 미학을 드러냈다. 이를 가능하게 한 장치는, 당시로서는 최첨단의 수리 시설인 머신 드 마를리Machine de Marly였다. 이 거대한 양수 시스템은 인근 센강에서 물을 끌어올려 정원 전체에 자유롭게 물을 공급할 수 있도록 설계되었다. 자연의 흐름을 통제하고, 물의 움직임마저 철저히 계산

베르사유 정원의 아폴론 분수와 대수로, 아담 페렐(1680년 경, 뉴욕 메트로폴리탄 미술관 소장). 정교한 배관 시스템으로 1,400개의 분수와 거대한 수로에 물을 공급하며 구현한 이 연극적 공간은, 루이 14세가 '태양왕'으로서 절대권력을 찬양하는 화려한 축제와 연회의 무대가 되었다.

된 형태로 연출한 이 장치는, 프랑스 절대왕정이 자연은 물론 과학기술까지 완벽히 지배하고 있음을 상징적으로 보여주는 대표적 장면이었다.

인공적으로 조성된 베르사유 정원의 숲 속에서는 파티, 연회, 발레 공연이 끊이지 않았고, 이곳은 궁정 문화의 중심 무대가 되었다. 루이 14세는 몰리에르Molière, 1622-1673, 장-바티스트 륄리Jean-Baptiste Lully, 1632-1687 같은 예술계의 거장들을 초청해 연극과 음악을 선보이게 했으며, 귀족들과 함께 가장무도회 같은 화려한 사교 행사를 즐겼다. 왕이 아침에 일어나는 순간lever부터 잠자리에 들 때coucher까지, 귀족들은 철저한 예법etiquette을 지키며 국왕의 일상을 지켜보았다. 이러한 형식화된 궁정 생활은 절대왕정의 권위와 질서를 시각화한 상징적 관행이자, 궁정 사회를 구성하는 엄격한 장치였다.

베르사유 정원은 그 거대한 규모와 정밀한 질서를 통해 루이 14세의 권위와 영광을 시각적으로 극대화한 무대였다. 그래서 이 정원은 종종 '왕을 위한 찬가'로 불린다. 자연은 이곳에서 철저히 통제되었고, 왕의 의지에 따라 아름다움을 재편함으로써 이상사회는 절대 권력의 연장선 위에 실현될 수 있다는 믿음이 표현되었다. 이 웅대한 장관은 유럽 전역의 귀족들을 매료시켰고, 프랑스식 바로크 정원을 모방한 궁정과 정원이 곳곳에 세워졌다. 이탈리아 르네상스 정원과 비교하면, 프랑스 바로크 정원은 훨씬 극단적인 기하학적 통제와 무한 축선을 강조했다. 르네상스의 정원이 '인간과 자연의 조화로운 비례감'을 중시했다면, 바로크는 '인공적이고

북쪽 화단(parterre) 앞의 루이 14세의 산책. 에티엔 알레그랭(1688년 작, 베르사유 궁전 소장). 루이 14세는 매일 궁정의 귀족들과 함께 정원을 거닐며 자신의 권력과 위엄을 과시했다. 그림에서는 왕의 오른쪽에 정원사 앙드레 르 노트르가 동행하고 있다. 베르사유 정원 감상법을 남겼을 정도로, 정원은 미적 공간을 넘어 왕권의 무대로 기능하였다. ©Palace of Versailles / Wikimedia Commons

연극적 극대화'가 본질이었다. 이후 자연미natural beauty를 중시하는 풍경식 정원Landscape Gardens이 유행하고, 인간의 통제가 배제된 자연의 자율성이 예찬되자, 기하학적이고 규율 중심적인 프랑스 정원은 '지나치게 권위적'이라는 비판에 직면하게 된다.

권력의 무대에서 새로운 흐름으로

이처럼 프랑스 바로크 정원은 절대왕정 시대가 만들어낸 화려한 '권력의 극장'이었다. 루이 14세를 비롯한 절대군주들은 기하학적 질서와 웅장한 원근법, 토피어리와 화려한 장식으로 자연을 통제하며 귀족들에게 권력과 복종의 메시지를 전달했다. 그러나 17세기 말부터 점차 시민계급이 성장하고 유럽 사회에 새로운 변화가 밀려들면서, 이 엄격하고 인위적인 '인간 이성의 승리'를 과시하던 정원 양식에도 균열이 생기기 시작한다.

이후 유럽의 정원문화 중심지는 영국으로 이동했고, 프랑스식 정원의 통제된 엄격함과는 정반대로 자연스러움과 낭만적 풍경을 강조하는 '풍경식 정원Landscape Gardens'이 등장한다. 이 새로운 정원은 권력의 표현이 아니라 자연과 어우러진 인간의 감성과 감정이 주인공이 되었다.

다음 장에서는 산업혁명과 근대 시민사회의 등장으로 급변하던 18세기 영국에서 어떻게 자연스러운 전원 풍경과 낭만적 아름다움이 새로운 정원문화로 꽃피었는지 살펴보려 한다. 인간과 자연의 조화 속에서 자유롭게 펼쳐진 영국 풍경식 정원은 유럽을 넘어 전 세계 정원의 기준이 되었으며, '해가 지지 않는 정원'이라는 별칭을 얻게 된다. 이제 절대 왕정의 엄격한 무대에서 벗어나 자유롭고 생동감 넘치는 풍경화 속을 걸어 보자.

9장

영국 근대:
해가 지지 않는 정원

9장
영국 근대: 해가 지지 않는 정원

절대왕정의 몰락과 민주주의의 태동

"절대권력은 절대 부패한다." Lord Acton, 1834-1902

프랑스 대혁명Révolution française, 1789으로 루이 16세Louis XVI, 1754-1793가 콩코드 광장Place de la Concorde의 단두대에서 처형되었다. 그것은 단순한 한 왕의 몰락이 아니라, 절대주의와 이성 중심 시대의 종말을 알리는 상징적 순간이었다. 혁명은 왕과 귀족에게 집중되었던 정치 권력이 시민 계급으로 이동하는 근대를 여는 문이 되었다. 이에 앞서 바다 건너 영국은 1688년, 명예혁명Glorious Revolution을 통해 피를 흘리지 않고 절대왕정을 종식시키며 헌법에 따라 통치하는 입헌 군주제와 의회민주주의의 기반을 다졌다.

명예혁명의 성공과 근대 민주주의의 탄생은, 대규모 농업과 면직물 수공업으로 자본이라는 새로운 권력을 움켜쥔 시민 계급의 성장 덕분이었다. 영국에서는 정치적 안정, 내수 시장의 성장, 그리고 식민지를 통한 무역 확대가 결합되며 산업자본주의가 뿌리내릴 수 있는 환경이 조성되었다. 여기에 제임스 와트James Watt, 1736-1819의 증기기관 발명은 근대화의 결정적 계기가 되었다. 증기기관은 생산 방식을 근본적으로 변화시켰고, 산업혁명은 수공업 중심의 경제 구조를 대규모 기계 생산 체계로 전환시켰다. 이러한 산업화 과정은 축적된 자본과 넓은 소비 시장, 풍부한 노동력, 그리고 철과 석탄 등의 지하자원까지 영국에게 유리하게 작용했고, 결국 영국은 세계 최초로 산업혁명을 성공적으로 이루어낼 수 있었다.

계몽주의와 영국다운 정원의 욕구

급격한 사회 변화의 한복판에서, 새로운 시대를 이끌던 자본가들 사이에서는 이성의 힘으로 전통과 낡은 질서를 극복해야 한다는 진보적이고 지적인 사상 운동, 계몽주의Enlightenment가 퍼져나갔다. 이는 인간의 이성과 과학적 사고를 바탕으로 자연과 인간관계, 사회와 정치 문제를 냉철하게 분석하고, 그 해결을 합리적으로 도모할 수 있다는 믿음을 기반으로 한 시대정신이었다.

한때 산업화를 통해 부를 쌓은 영국의 지주들 사이에서, 이탈리아의 계단식 정원과 프랑스의 기하학식 정원이 하나의 유행처럼 번졌다. 그러나 여름을 제외하면 비가 잦고, 춥지도 덥지도 않은 온화한 기후를 지닌 영국에서는 이러한 대륙식 정원이 그다지 잘 어울리지 않았다. 드넓은 평야나 험준한 산맥 대신, 나지막한 목초지 언덕이 주를 이루는 영국의 자연환경에는 이탈리아나 프랑스식의 대칭적이고 인공적인 정원 형식이 비효율적이고 비합리적으로 여겨졌다. 계몽주의 사상가들 역시 이러한 양식에 회의적이었다. 영국의 시인 알렉산더 포프Alexander Pope, 1688-1744는 자수

1886년 당시 영국 제국의 광대한 영토를 보여주는 세계지도. 월터 크레인(1886년 작, 노만 레벤탈 지도 및 교육 센터 소장). '해가 지지 않는 나라'로 불렸던 영국은 자신들의 정치적, 경제적 위상에 걸맞는 새로운 문화적 취향을 갈망하게 되었다. ©Norman B. Leventhal Map & Education Center / Wikimedia Commons

화단과 토피어리로 치장된 프랑스식 정원을 저급한 화장술로 덮여 오히려 피로감을 준다고 혹평하기까지 했다. 게다가 1815년 워털루 전투Battle of Waterloo에서 승리한 후, 정치적으로나 경제적으로 '해가 지지 않는 나라The empire where the sun never sets', 팍스 브리타니카Pax Britannica의 제국주의 국가로 부상한 영국의 진보적 사상가들에게, 고전주의classicism를 표방한 이탈리아와 프랑스 정원은 더 이상 시대에 부합하지 않는 구습에 불과했다. 영국인들은 이제 자신들 고유의 자연 환경, 그리고 새로운 사상에 부합하는 영국다운 정원을 갈망하게 되었다.

대륙 여행과 낭만주의: 아르카디아를 찾아서

계몽주의 사상이 퍼져나가던 18세기 영국의 상류층 자본가와 귀족들은 자녀들을 세계적 감각과 품위를 지닌 '교양 있는 시민'으로 기르기 위해 하나의 여정을 계획했다. 그것이 바로 그랜드 투어Grand Tour였다. 이 장기 여행은 유럽 문명의 정수를 직접 체험하는 여정으로, 고대의 영광을 간직한 아테네와 로마, 르네상스의 숨결이 남아 있는 피렌체, 그리고 세련된 문화와 예법이 살아 있는 파리 등이 주요 경로였다. 젊은이들은 이 여정을 통해 책으로만 배운 유럽을 현실 속에서 만났고, 다양한 문화와 제도를 직접 보고 느끼며 국제적 시야와 성숙한 교양을 갖춘 시민으로 성장해갔다.

그러나 유럽 대륙을 직접 여행하며 목격한 고대 유적은 그들이 책에서 상상했던 찬란함과는 달랐다. 대부분은 무너져 내리고 잡초에 뒤덮인 채 세월의 풍화 속에 방치된 폐허였다. 이탈리아 빌라의 정원과 프랑스의 기하학적인 정원을 실제로 보고 돌아온 후, 이들은 더 이상 정형적이고 경직된 고전적 정원에 매력을 느끼지 못했다. 오히려 귀족 자제들은 폐허로 변해 버린 이탈리아 캄파냐Campagna의 전원 풍경처럼 황폐하지만 정감 어린 장면들에서 새로운 아름다움을 발견했다. 그들은 클로드 로랭Claude Lorrain, 1600-1682의 전원 풍경화나, 고대 유적과 신화적 서사를 담은 니콜라스 푸생Nicolas Poussin, 1594-1665의 풍경화를 마치 우리가 여행지에서 사진엽서나 기념품을 사오듯 수집하며, 고전과 폐허가 공존하는 감성적 미학에 끌리게 되었다.

이들이 그려낸 풍경 속 자연은 현실보다 더 아름답고 조화로운 이상 세계였다. 그것은 다름 아닌 그리스 신화 속 낙원, 아르카디아Arcadia의 이미지였다. 실제로 펠로폰네소스 반도에 존재하는 아르카디아는, 신화 속에

사티로와 님프가 있는 풍경(Paesaggio Con Satiro E Ninfa). 클로드 로랭(Claude Lorrain) (1646년 작, 개인 소장). 목가적인 풍경을 배경으로 그리스 신화 속 존재들이 어우러진 이 작품은 당대 귀족들이 꿈꾸던 이상적 자연, 곧 아르카디아적 전원의 낭만을 전형적으로 표현하고 있다. ©Artvee

서는 목동의 신 판Pan이 다스리는 평온한 목자들의 땅으로 그려진다. 로마의 시인 베르길리우스Publius Vergilius Maro; Virgil, 70-19 B.C는 『전원시Eclogues』에서 이곳을 사랑과 우정, 자연과 평화가 어우러진 낙원으로 노래하였고, 이후 아르카디아는 인간이 궁극적으로 그리는 이상향의 대명사가 되었다.

예술가들은 아르카디아를 이상화된 전원 풍경으로 그려내며, 자연과 조화롭게 살아가는 삶에 대한 동경을 표현하였다. 이러한 '아르카디아적 전원'의 미학은 사실 14세기 플랑드르와 북부 이탈리아의 초기 르네상스 예술가들이 회화와 필사본 삽화에 목가적 풍경을 담기 시작하면서 서서히 태동했다. 이후 전원 풍경화는 독립된 장르로 자리 잡아 유럽 전역에

아르카디아의 목자들. 니콜라스 푸셍(1638년 작, 루브르 박물관 소장). 평화로운 아르카디아의 풍경 속에서 목자들이 묘비를 바라보고 있다. 'Et in Arcadia ego(나 또한 아르카디아에 있다)'라는 묘비에 새겨진 문구와 함께, 이상적인 전원에서도 피할 수 없는 인간의 죽음을 상징적으로 담아낸 작품이다. ©Louvre Museum / Wikimedia Commons

서 점차 정교하게 발전해갔다. 그리고 17세기, 푸생과 로랭 같은 대가들의 손을 거쳐 그 이상은 예술적 절정을 이루었으며, 18세기 영국에서도 전원 풍경화의 열풍을 일으키는 도화선이 되었다.

낭만주의와 픽처레스크: 전원 풍경의 재발견

이성의 시대에 대한 피로와 반발 속에서, 영웅서사시의 서정성과 고전 폐허의 정취가 농촌과 어우러진 풍경화는 낭만주의romanticism 지식인들에게 큰 반향을 일으켰다. 이 시기의 풍경화는 현실의 풍경을 있는 그대로 묘사하는 것이 아니었다. 산과 들판, 강과 호수의 실제 배경에 목장, 폐허가 된 성채, 기념비적 유적, 바람결에 흔들리는 나무들을 의도적으로 배치하고 강조함으로써, 예술가들은 감성과 상상력으로 재구성된 자연의 이상적인 풍경을 창조해냈다.

당시 학자, 문인, 예술가들에게 자연은 예술 작품과 마찬가지로 '아름다움beauty'의 대상이었다. 이들에게 자연의 아름다움이란, 그림 속 풍경처럼 길들여지고tamed, 정돈되며ordered, 만들어진rendered 자연을 의미했다. 반대로 원시적이거나 야생의 자연은 미학적으로 '숭고미sublime'로 해석되었다. 아름다움과 숭고의 두 개념은 당대 철학자 에드먼드 버크Edmund Burke, 1729-1797가 그의 논문, 『숭고와 아름다움의 기원에 관한 철학적 탐구A Philosophical Enquiry into the Origin of Our Ideas of the Sublime and Beautiful, 1757』에서 정립하였다. 버크는 아름다움이 부드럽고 쾌락적인 감정을 자아내는 반면, 숭고는 두려움과 위압감을 동반한 장엄함이라고 설명했다.

낭만주의자들에게 자연의 아름다움과 숭고미는 철학적이고 미학적인 탐구의 주제였다. 산업혁명 이후 무분별한 개발로 훼손된 영국의 생활 환경 속에서, 그들은 자연미Natural Beauty와 전원의 풍요로움 회복함으로써 사람들의 삶을 치유하고자 했다. 이들은 이러한 이상을 실천적인 운동으로 발전시켰다. 지역의 전통과 정신적 가치를 중시한 민족주의적 낭만주의자들에게, 완만한 구릉지형과 굽이쳐 흐르는 시냇물, 흩어진 수목과 초원 위의 양 떼들이 어우러진 농촌 풍경은 회복되어야 할 이상향이었다. 이러한 감수성은 곧 고대 아르카디아의 이상을 지상에 재현하려는 '픽처레스크Picturesque' 운동으로 이어졌다. 이 운동에서 자연은 더 이상 인간에 종속되는 것이 아니라, 인간과 동등하고 우호적인 존재로 새롭게 정의되었다.

영국의 농촌 풍경. 피크 디스트릭트 국립공원의 명소인 커버 엣지에서 내려다본 전형적인 전원 풍경으로, 완만한 언덕과 초록색 초지, 목가적인 마을 풍경은 낭만주의자들이 이상화했던 픽처레스크 미학을 떠올리게 한다. ©정해준

정원 또한 인간의 다양한 감정과 내면을 표현하는 예술적 장으로 인식되기 시작했다. 이에 전원시인 윌리엄 셴스톤William Shenstone, 1714-1763은 정원의 자연미를 위해서는 그림처럼 완벽한 외형뿐 아니라 우울함과 장엄함 같은 정서적 요소도 함께 표현되어야 한다고 강조했다. 이러한 생각은 당시 자본가들이 소유한 대지에서도 실천되었고, 결국 권위와 억압의 상징이던 프랑스식 정원의 직선을 지우고, 전원풍경화처럼 유려한 곡선과 자연스러운 흐름으로 구성된 풍경식 정원Landscape Gardens의 탄생으로 이어졌다.

윌리엄 켄트William Kent, 1684-1748와 캐퍼빌리티 브라운Lancelot "Capability" Brown, 1715-1783 같은 당대 최고의 정원사들은, 화가가 캔버스 위에 풍경화를 그리듯이 굽이치는 언덕에 물줄기를 돌리고 길을 내며 나무를 심어 전원 풍경을 담은 녹색 낙원을 만들어냈다. 켄트는 정원 곳곳에 고대 신전이나 작은 건축물을 배치해 시선을 유도하고, 순간순간 '그림 같은 장면'을 연출하는 데 집중했다. 반면 브라운은 완만한 잔디밭과 거대한 인공 호수를 활용해 자연스럽지만 철저히 계산된 '곡선의 미학'을 극대화했다. 이들의 손에서 자유롭게 펼쳐진 듯한 야생마저도 사실 정교한 설계와 치밀한 계획의 산물이었다. 이들이 만들어낸 풍경식 정원은, 마치 로렝과 푸생의 전원 풍경화를 현실 속으로 옮겨놓은 듯한 장관을 연출했다.

특히 이들은 풍경식 정원 안에서 아름다움과 숭고미의 대비를 효과적으로 활용했다. 인공 폐허, 바위, 깊은 골짜기 등을 만들어 장엄하고 극적인 분위기를 자아내는가 하면, 부드럽고 평온한 꽃길, 잔디밭, 호숫가 풍경으로 우아함과 서정성을 표현하기도 했다. 서로 다른 정서를 하나의 정원에

스토우 정원(Stowe Gardens) 정원. 버킹엄셔에 위치한 정원으로 찰스 브리지먼이 최초로 정원의 기하학적 구조를 완화하며 전원풍의 기초를 놓았고, 윌리엄 켄트가 팔라디안 다리와 같은 장식적 요소를 추가해 픽처레스크적 특성을 강화했다. 이후 캐퍼빌리티 브라운이 자연주의적 풍경식 정원의 전반적 모습을 완성했다. ©정해준

공존시키며, 방문자들이 산책 경로를 따라 걸으며 다양한 감정을 체험할 수 있도록 설계한 것이다. 이렇게 영국 귀족들은 자신이 소유한 광대한 토지를 마음껏 활용해, 과거에는 볼 수 없었던 대규모 풍경식 정원을 경쟁적으로 조성해 나갔다. 이로써 풍경식 정원은 개인 소유의 공간을 넘어, 영국 고유의 문화와 미학을 담은 상징적 공간으로 자리 잡게 되었다.

소유의 경계에서 풍경의 무한으로

대규모 풍경식 정원이 가능했던 배경에는 인클로저 운동Enclosure Movement이 있었다. 18세기 영국에서 지주들이 소유의 개념이 모호했던 공유지를 사유화하면서 넓은 토지를 확보했고, 산업혁명으로 축적된 자본을 바탕으로

블레넘 궁전과 정원의 전경. 영국의 전쟁 영웅 말버러 공작이 앤 여왕에게 하사받은 이 궁전은 윈스턴 처칠의 출생지로 유명하다. 궁전 주변으로 펼쳐진 드넓은 정원은 아름다운 호수와 울창한 숲, 완만한 언덕과 잔디밭을 중심으로 전형적인 영국 풍경식 정원의 모습을 보여준다. ©Dreilly95 / Wikimedia Commons

광활한 농지를 정원으로 개조할 수 있게 되었다. 윈스턴 처칠Winston Leonard Spencer Churchill, 1874-1965의 출생지로 유명한 말버러 공작 가문Dukes of Marlborough의 블레넘 궁전Blenheim Palace과 그 정원은, 규모만으로도 압도적인 인상을 준다. 축구장 1,000개약 8㎢를 이어 붙여 놓은 듯한 광활한 대지 위에, 끝없이 펼쳐지는 녹색 초원과 호수, 완만한 언덕과 울창한 숲이 마치 거대한 풍경화를 보는 듯하다. 이 장대한 정원은 당시 귀족들의 부와 취향이 얼마나 극적이고 압도적인 방식으로 표현될 수 있었는지를 잘 드러낸다.

이러한 광활한 풍경을 더욱 극적으로 연출한 요소가 바로 '하하ha-ha'라는 해자 형태의 경계였다. 하하는 담장이나 울타리 대신 땅을 파서 목초지와 정원의 경계를 나누는 방식으로, 멀리서 바라보면 두 공간이 하나의 광대한 녹지로 자연스럽게 이어지는 듯한 착시 효과를 만들어냈다. 이 장

스토우 정원(Stowe Gardens) 정원의 하하. 담장이나 울타리 대신 지형을 파서 정원과 주변 목초지를 자연스럽게 분리한 것으로, 시야를 방해하지 않고 하나의 연속된 풍경처럼 보이게 한다. ©정해준

치는 가축의 접근을 차단하면서도 시각적으로는 자연의 연속성을 유지하는 매우 독창적인 방법이었다. 높고 시야를 가리는 담장이 사라진 덕분에, 영국 귀족들은 자신이 소유한 넓은 대지에 마치 그리스 신화 속 아르카디아를 구현한 듯한 이상적 풍경을 펼쳐낼 수 있었다.

한편, 영국 풍경식 정원을 풍요롭고 이국적으로 만든 데에는 식민지 무역의 확장과 식물 사냥꾼plant hunter의 활약이 있었다. 18세기 유럽에서는 아직 알려지지 않은 해외의 희귀 식물을 수집하려는 열기가 고조되었고, 이에 미지의 세계를 탐험하며 새로운 종을 찾는 전문 식물 수집가들이 등장했다. 특히 데이비드 더글러스David Douglas, 1799-1834, 로버트 포춘Robert Fortune, 1812-1880과 같은 식물학자들은 아메리카, 아시아, 오세아니아 등지를 탐험하며 목련, 철쭉, 히말라야시다, 일본단풍과 같은 다양한 관상식물을 영국으로 들여왔다. 그들이 가져온 식물은 귀족들의 정원에 생명과 이야기를 더해주었고, 낯선 초목들이 조화를 이루며 정원의 낭만과 신비를 더욱 풍부하게 만들어주었다. 귀족들에게 세계의 식물을 소유한다는 것은 곧 권력과 교양, 안목의 상징이 되었고, 정원은 그들의 세계관을 투영하는 무대가 되었다.

스투어헤드 정원: 풍경 속에 숨겨진 신화와 낭만

스투어헤드 정원Stourhead Gardens은 영국 풍경식 정원이 지닌 낭만과 회화적 미학을 가장 잘 보여주는 곳 중 하나이다. 영국 윌트셔Wiltshire의 한적한 계곡 속에 자리한 정원은, 18세기 금융업으로 막대한 부를 축적한 헨리 호어 2세Henry Hoare II, 1705-1785가 조성한 이상적 자연의 구현이었다. 그는 계곡

스투어헤드 정원의 팔라디안 다리(Palladian Bridge)와 판테온(Pantheon). 호수를 중심으로 배치된 고전적 건축물들은 마치 고대 신화 속 풍경을 연상시키며 낭만적 분위기를 자아낸다. ©정해준

을 막아 인공 호수를 만들고, 그 곁을 따라 부드럽고 자연스러운 곡선의 산책로를 배치했다. 정원을 걷는 방문자들은 발걸음을 옮길 때마다 각기 다른 풍경을 마주하며, 마치 한 폭의 거대한 풍경화 속을 거니는 듯한 환상적이고 다채로운 체험을 하게 된다.

스투어헤드는 단지 아름다운 풍경만을 그려낸 정원이 아니었다. 이곳에는 고대 로마의 시인 베르길리우스Virgil, 70-19 B.C의 서사시 『아이네이스Aeneid』에 등장하는 아이네아스 여정이 교묘히 녹아들어 있다. 트로이 전쟁 이후, 로마의 기원이 된 도시를 세운 전설적 인물의 시련과 모험이 정원의 공간 안에 상징적으로 재현된 것이다. 호수 주변의 산책로를 따라 걷는 일은, 곧 아이네아스가 겪었던 시련과 영광을 되짚는 상징적 순례와도

호수 건너 언덕 위에 자리한 아폴론 신전(Temple of Apollo). 스투어헤드 정원은 나무와 호수, 폴리를 활용하여 의도된 풍경화를 만들어, 방문자들이 마치 신화 속 세계에 들어온 듯한 경험을 하도록 설계되었다. ©정해준

같았다. 그 길을 따라 고대 로마의 판테온과 아폴론 신전을 본뜬 고전 양식의 건축물이 눈에 띄고, 그 사이로는 소박한 시골집과 그림 같은 작은 다리들이 조용히 자리를 잡고 있다. 사실 이러한 건축물들은 대부분 실질적인 기능 없이, 감각을 자극하기 위한 장식적 구조물에 불과하다. 이를 폴리folly라고 부르며, 마치 고대의 신비로운 유적을 우연히 발견한 듯한 감흥을 불러일으키도록 설계된 장치이다. 이 의도된 낭만적 무용지물이, 오히려 정원 전체를 고대 신화 속 아르카디아로 탈바꿈시키는 데 결정적인 역할을 한 것이다.

정원의 중심부에는 일부러 어둡고 습기 가득한 인공 동굴, 그로토grotto가 조성되어 있다. 이 공간은 영웅이 통과해야 할 '시련의 통로'를 상징적으로 재현하며, 인간과 자연이 마주하는 극적인 순간을 연출한다. 또한 숲

정원의 그로토(grotto)에서 바라본 풍경. 인공적으로 조성된 어두운 동굴을 통과해 마주하게 되는 이 풍경은 영웅의 여정에서 '시련을 극복한 후 만나는 아름다움'을 상징하며, 극적이고 감성적인 경험을 선사한다. ©정해준

한편에는 오래된 신전이 폐허처럼 서 있는데, 이는 오랜 세월에 파묻힌 성스러운 고대 문명을 암시하며, 낭만주의 특유의 감성과 신비로움을 극대화한다. 이처럼 스투어헤드 정원은, 정원을 걷는 행위를 일상적인 산책에서 신화적 서사와 감정의 여정으로 승화시킨다. 정원은 더 이상 배경이 아니라, 하나의 드라마이자 모험의 무대가 된다.

결국, 스투어헤드 정원은 단지 풍경을 아름답게 꾸미는 데 그치지 않는다. 곳곳에 역사와 신화의 이야기를 녹여, 정원 주인인 호어가 자신을 신화 속 영웅이나 로마의 후손처럼 연상시키려 한 야심을 은연중에 드러낸다. 또한 낭만주의자들이 꿈꾸던 '이상적 아르카디아'를 실제 풍경으로 구현함으로써, 자연과 예술이 장엄한 서사로 융합된 영국 풍경식 정원의 완성형을 보여준다.

근대 시민사회와 새로운 정원의 탄생

산업화 시대 영국 자본가와 지주들은 정원을 통해 자신들의 정체성과 취향, 권위와 교양을 창조하고 과시했다. 그들이 만들어낸 풍경식 정원은 단지 낡고 경직된 프랑스 정원에 대한 반발로 태어난 것이 아니다. 근대 민주주의와 산업혁명, 계몽주의와 낭만주의가 교차하는 시대정신 속에서, 이 정원은 인간이 꿈꾸는 이상향인 아르카디아를 현실 속에 구현해낸 하나의 문화적 산물이었다. 이러한 영국풍 정원 스타일은 '해가 지지 않는 나라'의 위상과 맞물려, 이후 전 세계 정원 문화에도 지대한 영향을 미치게 된다.

그러나 19세기 들어 도시가 빠르게 성장하면서 상황은 달라졌다. 공장 굴뚝의 매연 아래 빽빽하게 늘어선 도시 주택가에서 살아가던 사람들은 이제 '소수의 정원'이 아닌, 모두가 함께 누릴 수 있는 '공공의 정원'을 원하기 시작했다. 사람들은 맑은 공기, 휴식과 여유, 그리고 누구나 즐길 수 있는 아름다운 경관을 꿈꿨다. 그 결과, 역사상 처음으로 도시 한가운데 모든 사람을 위한 근대적 의미의 공원park, 公園이 탄생하게 된다.

다음 장에서는 산업혁명과 도시화 과정 속에서 '모두의 정원'이라는 새로운 개념이 어떻게 탄생했으며, 현대적 도시공원의 탄생으로 이어졌는지 살펴볼 것이다. 특정 계층의 전유물이었던 정원은 이제 시민 모두가 누릴 수 있는 공적 공간으로 변모하게 된다. 영국에서 시작된 풍경식 정원의 낭만적인 자연관이 도시의 삶 속에서 어떻게 '모든 이의 낙원'으로 실현되었는지, 우리가 오늘날 당연하게 여기는 공원들의 탄생과 그 배경에 담긴 흥미로운 이야기를 함께 따라가 보자.

10장

공원:
모두의 정원

10장
공원: 모두의 정원

검은 연기 밑으로 몰려든 산업화의 그림자

19세기 초, 영국 도시는 검은 연기를 토해내는 공장 굴뚝과, 그 아래로 몰려드는 사람들의 행렬로 가득했다. 그러나 그 안에서 살아가는 사람들의 삶은 낭만과는 거리가 멀었다. 기계를 앞세운 공장이 수공업자들의 삶터를 빼앗았고, 농촌은 도시 자본에 압도되어 변두리로 밀려나거나, 수많은 농민들이 도시 노동자가 되기 위해 고향을 떠났다. 하루 16시간 넘게 일해도 생계는 불안했고, 아이들마저 공장의 톱니바퀴 사이에서 고된 노동에 내몰렸다.

인구 밀집, 오염된 식수, 비좁은 주거 환경은 결국 전염병의 온상이 되었다. 콜레라cholera는 런던을 비롯한 도시들을 덮쳤고, 수만 명이 희생되었다. 도시는 더 이상 번영의 상징이 아니었다. 사람들은 묻기 시작했다. '이 도시에서 우리는 정말 건강하고 인간답게 살아갈 수 있는가?'

커살 무어에서 본 맨체스터. 윌리엄 와일드(1852년 작, 영국 로얄 컬렉션 트러스트 소장). 영국의 산업도시 맨체스터 도시 위로 솟아오르는 공장 굴뚝의 검은 연기는 산업혁명이 가져온 경제적 번영의 이면에 가려진 열악한 노동 환경과 환경 오염의 현실을 상징적으로 보여준다. ©Royal Collecntion / Wikimedia Commons

낭만주의의 외침: 자연과 함께 살아가야 한다.

이러한 도시의 위기는 생활 환경을 근본적으로 개선해야 한다는 사회적 공감대를 형성했고, 도시 곳곳에 '모두를 위한 녹색 공간'을 만들자는 움직임으로 이어졌다. 그 변화의 흐름에는 당대 지식인과 예술가들이 중요한 역할을 했다. 워즈워스William Wordsworth, 1770-1850, 콜리지Samuel Taylor Coleridge, 1772-1834, 바이런George Gordon Byron, 1788-1824 같은 낭만주의 작가와 시인들은 산업화와 기계화로 인해 '잃어버린 아름다움'을 농촌 경관과 전통 공동체의 회복에서 되찾고자 했다. 그들에게 자연은 단지 관찰의 대상이 아니라, 인간성과 조화를 이루는 본연의 삶터였다. 낭만주의자들은 인간과 자연 사이의 진정한 관계 회복을 강조하며, 특정 계층의 전유물이었던 '풍경식 정원Landscape Garden'을 도시 속 모든 시민이 공유할 수 있어야 한다고 주장했다.

1832년, 영국에서 선거법이 개정Representation of the People Act 1832되면서 신흥 중산층과 도시 노동계층이 처음으로 한 표를 행사할 수 있게 되었다. 정치적 발언권을 얻은 이들은 공해와 비위생, 과도한 노동에 시달리는 도시에 공동의 휴식처를 원했다. 어린아이부터 노인까지, 가난한 이든 부유한 이든 모두가 발을 디딜 수 있는 정원, 모두를 위한 공간에 대한 요구였다. 의회 역시 이들의 요구를 외면할 수 없었다. 특히 산업화의 그늘 아래 시민의 분노와 무력감이 거칠게 폭발한 러다이트 운동Luddite movement, 기계화로 인해 일자리를 잃어버린 숙련공들이 공장에 침입해 방직기나 직조기 등 생산 기계를 파괴하는 등의 대규모 시위으로 촉발된 사회 갈등은, '산업화와 도시화가 과연 누구를 위한 것인가'라는 근본적인 질문을 질문을 세상에 던졌다. 이후 여러 차례에 걸친 공장법과 노동법 개정을 통해 노동자들의 여가 시간이 점차 보장되기 시작했다. 그리고 시민들은 그 여유로운 한때를 보낼 마땅한 장소를 갈망하게 되었다.

버컨헤드 파크: 모두를 위한 최초의 공공공원

이러한 흐름 속에서 등장한 개념이 바로 공공공원public park이었다. 공공공원은 도시 빈민의 건강을 개선하고 사회적 도덕성을 회복시키기 위한 개혁적이고 실천적인 대안으로 제시되었다. 도심 속 녹지와 공공 산책로public walk와 같은 공간의 필요성이 점차 강조되었고, 마침내 1833년 영국 의회는 『공공 산책에 관한 특별위원회 보고서Report from the Select Committee on Public Walks』를 공식 문서로 채택하였다.

이 보고서를 바탕으로, 1847년에 대서양 무역의 핵심 항구로 산업혁명의 최전선 산업도시였던 리버풀Liverpool 인근 버컨헤드Birkenhead에 세계 최초의 근대적 공공공원이 탄생하게 된다. 그것이 바로 버컨헤드 파크Birkenhead Park였다. 이 공원의 설계를 맡은 인물은 당시 영국의 대표적 정원사이자 건축가였던 조셉 팩스턴Joseph Paxton, 1803-1865이었다. 그는 가난한 농부의 아들로 태어나 귀족 가문의 정원사로 시작했고, 이후 건축과 엔지니어링 분야에서 두각을 나타냈으며, 나중에는 국회의원까지 지낸 입지전적인 인물이었다. 귀족 정원에서 익힌 미학과 기술을 바탕으로, 그는 녹지의 가치를 공공의 삶에 접목하는 데 탁월한 역량을 보여주었다. 자연의 아름다움이 특정 계층의 소유물이 아닌, 모든 시민이 누릴 수 있는 일상으로 확장될 수 있음을 실천을 통해 증명한 것이다.

버컨헤드 파크는 모든 면에서 이전 시대의 소수를 위한 정원과 달랐다.

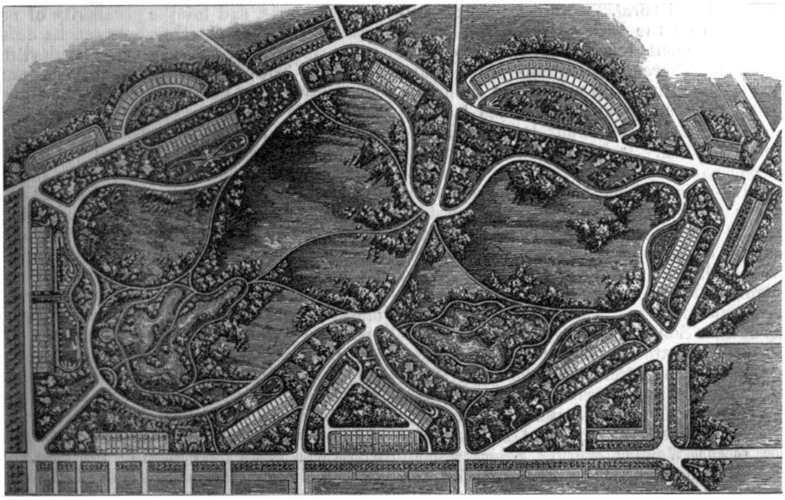

버컨헤드 파크의 초기 도면(1879년, The American Cyclopædia 수록). 조셉 팩스턴은 산책로와 호수, 숲을 자연스럽게 배치하여 도시민들이 도심 속에서 농촌의 여유와 자연의 아름다움을 느낄 수 있도록 공원을 설계했다. ©Wikimedia Commons

도시민들이 공동으로 출자하고, 지방 정부가 운영하고 관리하는, 말 그대로 모두를 위한 '시민의 공원'이었다. 팩스턴은 주택가와 공원을 부드러운 곡선의 산책로로 연결했다. 그 길 위에는 잔디밭과 나무 사이로 난 숲길, 잔잔히 물결치는 호수, 그리고 그 위를 건너는 작은 다리들이 어우러졌다. 그 풍경은 마치 시골 전원의 고즈넉한 정취를 도심 속에 고스란히 옮겨 놓은 듯했다.

버컨헤드 파크는 낭만주의자들이 꿈꿔온 '자연미natural beauty'의 구현이자, 위생과 질병, 계층 간 갈등, 자연과의 단절과 같은 도시의 모든 난제를 한 번에 완화할 수 있는 새로운 해답이었다. 그곳에서 산책하며 꽃과 나무를

버컨헤드 파크의 호수와 보트 하우스(Boathouse). 조셉 팩스턴은 호수 주변에 자연스러운 풍경과 고전 양식의 보트 하우스를 배치하여 시민들이 도심 속에서도 전원의 낭만과 고전적 아름다움을 경험할 수 있는 공간을 구현했다. ©정해준

감상하는 노동자들은, 공장 안의 소음과 긴 노동 시간에서 비롯된 피로를 잠시나마 내려놓을 수 있었다. 결국 버컨헤드 파크의 등장은, 중세의 봉건 사회를 거쳐 오랫동안 귀족의 전유물이었던 정원의 역사를 비로소 '모두의 정원'으로 전환시키는 중요한 역사적 전환점이 되었다.

버컨헤드 파크가 보여준 성과는 곧 영국 전역으로 확산되었다. 1848년, 영국 의회는 『공중보건법Public Health Act 1848』을 제정하여 공원을 도시민의 건강과 위생을 위한 필수 공공시설로 명확히 규정했다. 이처럼 제도적 기반이 마련되자, 빅토리아 시대를 지나며 영국의 산업도시들은 시민의 건강과 삶의 질을 높이기 위한 '녹색 처방' 공간으로 저마다의 공원을 본격적

버컨헤드 파크의 넓게 펼쳐진 잔디밭은 농촌의 평화로운 목초지를 연상시킨다. 멀리 보이는 크리켓 클럽(Cricket Club)은 공원이 단지 휴식처일 뿐 아니라 시민의 여가와 교류를 위한 공간으로 발전했음을 보여준다. ©정해준

으로 계획하기 시작했다. 그 결과, 곳곳에 다양한 공공공원이 조성되었다. 공원의 잔디밭에서는 음악회와 스포츠 경기가 열렸고, 시민들이 함께 차를 마시며 여가를 즐길 수 있는 공간도 마련되었다. 산책로와 화단은 사람들 간의 만남과 대화를 이끄는 사회적 교류의 장이 되었으며, 공원은 도시민들이 공동체 의식을 나누고 함께 어울리는 소중한 공공의 장소로 자리매김했다.

버컨헤드 파크 이전에도 런던에는 시민들에게 공원이 있었다. 바로 왕실의 사냥터였던 하이드 파크Hyde Park다. 왕족과 귀족들만의 공간이었던 이곳은 1851년 만국박람회Great Exhibition of the Works of Industry of All Nations를 계기로 새로운 전환점을 맞는다. 모든 시민이 함께 향유할 수 있는 공원 속 전시장

1851년 런던 하이드 파크에서 열린 만국박람회의 상징인 수정궁. 조셉 팩스턴이 설계한 이 유리와 철 구조물은 산업혁명의 자신감을 표현한 동시에, 왕실 사냥터였던 하이드 파크를 전 세계 시민에게 개방하며 새로운 도시문화를 열었다. ©Read & Co. Engravers & Printers / Wikimedia Commons

런던 하이드파크의 서펜틴 호수. 호수 한가운데 설치된 크리스토와 잔 클로드의 현대 미술 설치작품 마스타바(The Mastaba, 2018)는 공원이 현대적 예술과 문화의 장으로 여전히 진화하고 있음을 상징적으로 보여준다. ©정해준

으로 탈바꿈한 것이다. 박람회에서 특히 주목받은 것은, 버컨헤드 파크를 설계한 조셉 팩스턴Joseph Paxton이 디자인한 수정궁Crystal Palace이었다. 이 혁신적인 건축물은 '철과 유리로 만들어진 신세계'라는 찬사를 받으며 영국의 산업혁명 성취를 전 세계에 과시하였다. 그러나 수정궁의 진정한 의미는 단지 기술적 성취에 있지 않았다.

그보다 더 중요한 것은, 왕실 사유지였던 하이드 파크가 대중에게 열린 공간으로 변화했다는 점, 그리고 그 공간 안에서 도시 문화의 민주적 가치가 현실로 구현되었다는 데 있었다.

센트럴 파크: 대서양을 건너 신대륙으로

영국에서 정착된 공공공원의 개념은 곧 대서양을 건너 미국으로 전해졌다. 그리고 그 매개 역할을 한 핵심 인물이 바로 프레드릭 로 옴스테드 Frederick Law Olmsted, 1822-1903였다. 옴스테드는 농장 경영자, 저널리스트, 사상가 등 여러 직업을 거치며 사회 문제에 깊은 관심을 두고 있었다. 그가 영국을 방문했을 때, 버컨헤드 파크를 비롯해 여러 공공공원을 꼼꼼히 둘러본 후 감상을 여행 에세이로 남겼다. 그중에서도 버컨헤드 파크에 대해 그는 이렇게 적었다. "한때 귀족들이나 즐기던 자연공간을, 아무 제한 없이 시민과 노동자에게도 내어주는 풍경. 이것이야말로 민주주의가 실현된 모습이다." 이러한 경험은 그가 평생 추구한 도시와 녹지 계획의 철학과 방향을 결정짓는 중요한 계기가 되었다.

미국으로 돌아온 옴스테드는 뉴욕 맨해튼 한복판에 버려진 황무지 같은 땅에 주목하게 된다. 마침 그곳에 공원을 조성하기 위한 공모전이 1857년에 열렸고, 그는 이 공간을 '도시민 모두에게 열려 있는 녹색 정원'으로 만들겠다고 결심한다. 옴스테드는 동료 캘버트 복스Calvert Vaux, 1824-1895와 함께 공모전에 응모해 당선되었고, 그렇게 탄생한 것이 바로 뉴욕

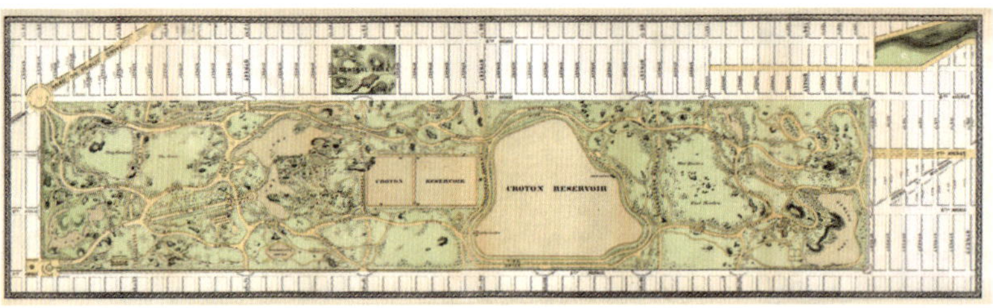

1868년에 공개된 센트럴 파크(Central Park)의 '그린스워드(Greensward)' 수정안 도면. 프레드릭 로 옴스테드와 캘버트 복스는 공원 내부에 호수, 숲, 산책로를 유기적으로 배치하여, 복잡한 도시 속에서 자연의 평화로움을 느낄 수 있도록 했다. ©Geographicus / Wikimedia Commons

뉴욕 센트럴 파크의 전경. 옴스테드가 설계한 이 공원은 단순한 휴식 공간을 넘어 도심 속에서도 자연을 향유하며 민주적이고 평등한 교류를 이루는 도시문화의 새로운 패러다임을 제시했다. ©Dmitri Zotov / Unsplash

의 센트럴 파크Central Park였다. 두 사람이 설계 과정에서 내세운 핵심 개념은 '그린스워드Greensward'였다. 이 말은 본래 자연의 목초지라는 의미로, 도시인들이 일상에서 벗어나 전원적이고 목가적인 풍경을 누릴 수 있도록 하겠다는 철학이 담겨 있었다. 잔디밭과 숲, 호수와 다리, 오솔길과 곡선형 산책로는 정교하게 배치되었다. 시민들은 도시 속에서도 자연 본연의 아름다움과 그들이 떠나온 정취를 느낄 수 있었다. 버컨헤드 파크가 그랬듯, 센트럴 파크 역시 누구나 원하는 때에 자유롭게 드나들며, 전원을 즐길 수 있는 광장을 지향했다. 옴스테드의 계획은 낭만주의적 자연관과 근대 도시계획이 절묘하게 결합한 모습으로, 이는 '민주주의의 물리적 구현'으로 평가 받았다.

센트럴 파크는 마치 도심 속 '농촌 경관'을 옮겨놓은 듯한 설계 덕에 뉴욕 시민들에게 엄청난 호응을 얻었다. 그 성공은 곧 미국 전역으로 확산

뉴욕 센트럴 파크의 그레이트 론(Great Lawn). 넓은 잔디밭은 도시민에게 목가적인 전원의 정취를 제공할 뿐 아니라, 다양한 문화행사와 시민 간의 소통이 이루어지는 만남의 장으로 자리 잡았다. ©Chris Turgeon / Unsplash

되며, 근대 공공공원 건설의 붐을 일었다. 센트럴 파크의 사례는 보스턴의 에메랄드 넥클리스Emerald Necklace, 시카고의 잭슨 파크Jackson Park 등 옴스테드가 참여한 다양한 도시공원 프로젝트로 이어졌다. 이러한 흐름은 미국 도시 전반에 자연을 중심에 둔 도시계획과 조경 디자인이라는 새로운 패러다임을 제시하게 된다.

옴스테드는 공원을 단지 개인이 여가와 휴식을 누리는 공간으로만 바라보지 않았다. 그에게 공원이란 모든 시민이 함께 누려야 할 공유 자산이자, 미래 세대를 위해 지켜야 할 국가적 자산이었다. 공원 조성은 곧 자연 보호의 실천이라고도 여겼다. 이러한 그의 신념은, 당시 미국에서 활발히 논의되던 국립공원National Park 제도의 도입과 발전에도 깊은 영향을 주었다. 그는 요세미티Yosemite 보호구역 설립을 비롯한 초기 국립공원 운동에 적극적으로 참여했으며, 1872년 세계 최초의 국립공원인 옐로스톤 국립공원Yellowstone National Park의 지정에도 중요한 역할을 담당했다.

옴스테드는 숲과 강, 산과 협곡과 같은 자연의 경관이 특정 개인이나 계층의 소유가 안 된다고 믿었다. 그는 자연이야말로 모든 시민이 함께 누리고 보호해야 할 공공의 유산이며, 공원은 그 신념을 실현하는 공간이라 생각했다. 센트럴 파크와 같은 도심의 공원에서 시민들은 일상 속에서 자연을 경험하고 향유하며 '시민의 자연'을 누렸고, 요세미티나 옐로스톤과 같은 국립공원에서는 '국가의 자연'을 함께 보호하고 보존하는 공동의 책임과 문화를 키워나갔다. 이로써 공원은 평범한 도시 시설이 아닌, 사회 전체가 자연과의 관계를 새롭게 정립하고, 미래를 위한 생태적 가치를 실천하는 중요한 무대로 자리 잡게 되었다.

공원: 모두의 정원으로 진화한 도시문화

공공공원은 자연을 통한 치유와 사회적 연대를 꿈꾸며, 산업화로 상실된 농촌의 낭만과 전통적 공동체의 가치를 도심 속에 되살리는 낭만주의적 이상을 담았다. 영국 풍경식 정원의 전통이 대중의 필요와 만나 모두가 함께 누릴 수 있는 전원의 개념으로 발전했고, 이는 이후 미국으로 건너가 도시 공원이라는 새로운 유형의 공공 공간이 폭발적으로 확산되는 계기가 되었다.

버컨헤드 파크는 산업화로 지친 영국 도시민들에게 시민들이 직접 참여하여 만든 쉼터를 제공했고, 센트럴 파크는 급성장하는 미국의 대도시에서 민주주의가 단지 관념이 아니라 이웃과 함께 자연을 누리는 실제 경험임을 깨닫게 해주었다. 이 중심에는 조셉 팩스턴과 프레드릭 로 옴스테드라는, 정원을 디자인하는 일이 곧 사회적 문제를 해결하는 과정이라 믿었던 이상주의자들이 있었다.

공원은 복잡하고 숨 가쁜 도시라는 기계장치에 숨을 불어넣는 녹색의 쉼표이자, 공동체의 문화를 회복시키는 만남의 공간으로 자리 잡았다. 그렇게 태어난 '모두를 위한 정원'의 개념은 20세기 들어 다양한 형태로 발전했고, 오늘날 생태공원과 치유 정원, 커뮤니티 정원과 같이 더욱 풍성한 모습으로 진화하며 도시 생활에 새로운 활력을 불어넣고 있다. 산업사회의 상처를 위로하고 지속 가능한 미래 도시의 가능성을 열어주는 공원의 이야기는, 오늘을 살아가는 우리에게 여전히 깊고 풍요로운 영감을 준다.

11장

근현대 정원:
대중과 만난 예술

11장

근현대 정원: 대중과 만난 예술

19세기 말부터 20세기를 거쳐 오늘에 이르기까지, 정원은 놀라운 변화를 겪어 왔다. 더 이상 왕족이나 귀족, 혹은 일부 부유층의 전유물이 아니게 된 정원은, 산업혁명 이후 도시화와 교외화라는 사회적 변화를 타고 일반 시민들의 생활 속으로 깊이 스며들었다. 작은 주택의 앞마당부터 교외 주택단지의 뒷마당까지, 정원은 이제 누구나 손쉽게 가꾸고 누릴 수 있는 일상의 풍경이 되었다.

그러나 그 변화는 단순한 대중화에 그치지 않았다. 정원은 시대와 문화, 삶의 방식과 감성이 만나 예술과 운동, 생태와 철학이 깃든 새로운 표현의 장으로 진화하였다. 이 장에서는 정원이 어떻게 개인의 미적 취향과 감성을 담는 예술 공간으로 변화했는지, 그리고 현대의 다양한 예술 사조와 어떻게 접목되며 창의적이고 실험적인 무대로 확장된 과정을 살펴보고자 한다.

정원 기술 혁신과 대중화

산업혁명 이후 노동과 거주 형태가 급변하면서, 소규모 주택에 딸린 개인 정원이 영국, 프랑스, 미국 등지에서 본격적으로 확산되었다. 특히 영국에서는 빅토리아 시대Victorian era, 1837-1901의 풍요와 중산층의 성장, 사회적 변화가 정원 대중화를 가속시켰다. 1832년, 에드윈 버딩Edwin Beard Budding, 1796-1846이 최초의 잔디 깎는 기계lawn mower를 개발하면서, 잔디 관리가 용이해

에드윈 버딩이 1832년에 개발한 최초의 잔디 깎는 기계(런던 과학박물관 소장). 이 발명으로 잔디밭 관리가 대중화되어 개인 정원의 형태를 바꾸는 계기가 되었다. ©Daderot / Wikimedia Commons

네이선 백쇼 워드가 발명한 워디언 케이스 삽화(1852년, 하버드 대학교 소장). 소형 온실로서 해외 식물의 운반과 재배를 쉽게 만들어 정원에 이국 식물 재배 열풍을 일으켰다. ©Harvard University, Gray Herbarium Library

지자 이전에는 귀족의 전유물이던 잔디밭이 중산층의 작은 주택 정원으로까지 빠르게 퍼져나갔다. 같은 시기, 네이선 백쇼 워드Nathaniel Bagshaw Ward, 1791-1868는 소형 유리 온실인 워디언 케이스Wardian case를 고안하여, 해외에서 식물을 보다 쉽고 안전하게 수집하고 운송할 수 있게 만들었다. 여기에 1845년 영국 정부가 유리세Glass Tax를 폐지하면서 유리의 가격이 크게 낮아졌고, 시민들은 자신의 집 마당에 작은 온실을 마련해 이국적인 식물을 직접 기를 수 있는 여건을 갖추게 되었다.

영국 더비셔Derbyshire의 캐번디쉬Cavendish 가문의 저택인 채스워스 하우스Chatsworth House의 정원사였던 조셉 팩스턴Joseph Paxton, 1803-1865은 전통적인 직선형 온실 구조를 넘어서는 혁신적인 곡면 유리 온실을 설계했다. 팩스턴은 이 온실에서 모리셔스Mauritius에서 들여온 바나나 재배에 성공했고, 자신이 모시던 귀족의 이름을 따 '캐번디쉬 바나나Cavendish banana'라 명명했다. 이 품종은 오늘날 전 세계에서 가장 널리 소비되는 바나나가 되었다. 또한 팩스턴은 빅토리아 시대 부유함과 이국적인 취향을 상징했던 아마존 빅토리아 수련Victoria amazonica을 영국에서 처음으로 꽃피우는 데도 성공했다. 특히 빅토리아 수련의 거대하고 강한 잎이 지닌 구조적 특징과 아름다움은 그에게 깊은 인상을 주었고, 이는 1851년 런던 만국박람회에서 선보인 수정궁Crystal Palace의 설계에 결정적인 영감을 제공했다. 팩스턴은 이 과정에서 대규모 유리 온실 건축 기술을 혁신적으로 발전시켜, 이전과 비교할 수 없을 정도로 크고 정교한 온실을 만들어냈으며, 당시 온실 건축에 새로운 차원을 열었다.

채스워스 하우스의 대온실(Great Conservatory). 조셉 팩스턴의 혁신적 유리온실 설계로 캐번디쉬 바나나와 아마존 빅토리아 수련을 최초로 재배하며, 이후 수정궁의 모태가 되었다. 1920년 화재로 소실되었다. ©Charles Latham / Wikimedia Commons

비교적 저렴한 얇은 유리로 크고 작은 온실을 쉽게 지을 수 있게 되자, 사람들은 먼 나라에서 온 이국적인 식물을 집 가까이에서 직접 키울 수 있게 되었다. 교외 주택의 작은 화단에도 다양한 꽃과 식물을 손쉽게 심어 볼 수 있는 시대가 열린 것이다. 이와 함께 우편 주문을 통해 정기적으로 식물을 받아보는 식물 구독mail-order gardening 서비스가 유행했고, 잡지magazine의 확산과 함께 이들 매체에 실린 각종 정원 설계도는 대중이 따라하기 쉬운 가이드 역할을 했다. 그 결과, 한때 귀족들의 정원이나 온실에서나 볼 법했던 진귀한 꽃들이 평범한 주택의 담장 안까지 화려하게 피어나기 시작했다. 정원을 꾸미는 일은 점점 더 많은 사람들이 쉽게 시도할 수 있는 일이 되었고, 그 방식과 기법은 세련되고 정교하게 발전해 나갔다.

가드네스크 정원과 수목원의 탄생

19세기에 들어서며, 영국의 정원문화는 풍경식 정원의 전통을 넘어 새로운 실험과 변화의 흐름을 맞이하게 되었다. 이 변화의 중심에 선 인물이 바로 스코틀랜드 출신의 식물학자이자 정원 디자이너였던 존 클라우디우스 라우던John Claudius Loudon, 1783-1843이다. 라우던은 당시 유행하던 픽처레스크Picturesque로 표방되는 풍경식 정원의 모방적 성격에 의문을 제기하며, 식물 각각의 고유한 아름다움과 과학적 특성을 강조하는 새로운 정원 개념, 가드네스크Gardenesque를 제안했다. 그에게 정원이란 자연을 그대로 모방하는 공간이 아니라, 디자이너의 의도와 미학적 판단이 명확히 드러나는 예술적 공간이었다. 이를 위해 그는 나무 한 그루, 꽃 한 포기까지도 각자

영국 큐 왕립 식물원의 팜 하우스와 가드네스크 화단. 존 클라우디우스 라우던이 주창한 가드네스크 양식은 식물 각각의 독립적 아름다움과 과학적 특성을 기하학적으로 배치하여, 정원을 마치 전시공간처럼 구성한 것이 특징이다. ©정해준

의 개성이 드러나도록 배치하는 방식에 집중했다. 식물들 사이에 일정한 간격을 두고, 원형이나 직선형 화단과 같은 뚜렷한 기하학적 구성을 통해 정원의 구조를 명확히 잡았다. 이렇게 하면 개별 식물이 서로 가려지지 않고, 마치 박물관의 전시물처럼 각각의 독립적인 존재감을 선명하게 드러낼 수 있다고 보았다.

이러한 라우던의 철학이 구체적으로 구현된 공간이 바로 수목원Arboretum이었다. 그는 수목원을 각 식물의 고유한 특성과 아름다움을 명확히 드러내기 위해 설계된 교육적이고 미학적인 공간으로 정의했다. 라우던은 식물을 단지 정원을 꾸미는 장식품이 아닌, 교육의 대상으로 보았다. 그는 식물의 원산지와 생육 환경 같은 과학적 정보를 제공하며, 일반 대중이 식물을 관찰하고 쉽게 이해할 수 있는 전시 방식을 고안하였다. 그의 철학과 실험적 접근이 가장 잘 드러난 곳은 1840년 영국 더비Derby에 조성한 더비 수목원Derby Arboretum이다. 이곳은 세계 최초로 일반 대중에게 무료로 개방된 도시형 공공 수목원이었으며, 곳곳에 배치된 산책로와 식물 안내판에는 시민들을 위한 세심한 배려가 담겨 있었다. 더비 수목원의 이러한 시도는 당시 시민들의 지적 호기심과 자연과학적 탐구 욕구를 충족시켰으며, 정원이 더 이상 개인의 취향에 머무르지 않고, 공공적이고 교육적인 가치를 지닌 공간으로 확장될 수 있는 길을 열었다.

더비 수목원의 실험적인 디자인과 공공성은 미국 공원 설계의 선구자인 프레더릭 로 옴스테드Frederick Law Olmsted, 1822-1903에게도 깊은 인상을 남겼다. 1859년 수목원을 방문한 옴스테드는, 라우던이 식물을 교육적 목적과 시민들의 일상적 접근성을 고려해 전시한 방식에 주목했다. 식물의 과학적 정보를 쉽게 전달하면서도 도시민 누구나 편리하게 이용할 수 있도록 조성된 더비 수목원은, 이후 옴스테드가 뉴욕의 센트럴 파크Central Park를 비롯한 여러 공원을 설계할 때 식물의 배치와 공공성을 강조하는 데 중요한 토대를 제공하였다.

이러한 라우던의 접근 방식은 당시 정원을 소유하기 시작한 중산층의 관심을 끌었고, 식물의 다양성과 이국적 아름다움을 즐기던 시대적 취향과도 잘 어우러졌다. 그러나 모든 식물의 개성을 돋보이게 하려는 그의 의도는 때때로 과도한 연출로 이어졌다. 식물 간의 조화와 전체적인 통일성보다는 개별적 아름다움에만 집착하다 보니, 정원이 마치 '식물 박람회장처럼 어수선하다'라는 비판을 받기도 했다. 라우던의 시도는 식물 개체의 아름다움을 강조하는 새로운 미학을 제안했지만, 동시에 정원 디자인에 있어 균형과 조화의 중요성에 대한 논의도 불러일으켰다.

자연과 전통의 재발견: 야생정원과 코티지 가든

자연 그대로의 아름다움과 식물 배치의 효율성을 강조하는 흐름이 부상한 것도 바로 이 시기였다. 윌리엄 로빈슨William Robinson, 1838-1935은 그의 경험과 정원 철학이 담긴 저서 『야생 정원The Wild Garden, 1870』과 『영국 화훼 정원The English Flower Garden, 1883』에서, 지나치게 인공적이고 장식적인 당시의 정원 스타일을 강도 높게 비판했다. 로빈슨은 자연의 형태에 가까우면서도 관리 부담이 적은 '야생정원wild garden'이라는 새로운 개념을 제안하였다. 생태학ecology이라는 개념조차 일반화되기 전이었지만, 그는 이미 정원에서 식물의 생장 습성, 자생 환경, 그리고 생태적 조화를 중시했다. 정원이 하나의 자립적 생태계처럼 다루어져야 한다고 주장했던 것이다. 로빈슨의 이러한 관점은, 식물의 생태적 특성과 지속 가능한 관리 방식을 강조하는 현대적 접근을 미리 제시한 것으로 평가받고 있다. 특히 그가 제시한 야생정원 개념은 오늘날 '뉴 페레니얼New Perennial' 같은 자연주의적 정원 문화가 자리 잡는 데 이론적 기반을 마련했다는 점에서 역사적 의의가 크다.

한편, 19세기 후반 영국에서는 예술운동인 아트 앤 크래프트 운동Arts and Crafts Movement, 미술 공예 운동이 정원문화와 결합하여 새로운 흐름을 이끌었다. 윌리엄 모리스William Morris, 1834-1896를 중심으로 확산된 이 운동은, 기계화 시대에 공장에서 대량 생산된 획일적 상품에 반대하며, 인간의 손길과 정성이 깃든 미적 가치를 일상 속에서 되살리고자 했던 움직임이었다. 이러한 철학은 정원문화에도 자연스럽게 반영되었다. 엄격한 기하학적 규율에서 벗어나 따뜻하고 낭만적인 분위기를 강조한 작은 시골집풍의 정원, 즉 '코티지 가든cottage garden'이 유행하기 시작한 것이다. 장미,

앤 해서웨이(윌리엄 셰익스피어의 아내, 1556-1623)의 코티지 가든. 자연스러운 아름다움과 풍성한 초화류가 특징인 코티지 가든 양식으로 꾸며진 이 정원은, 영국 시골 마을의 전원적이고 낭만적인 정서를 잘 보여준다. ©Richard Peat / Wikimedia Commons

접시꽃, 라벤더, 제라늄, 델피니움, 루핀 등 소박하면서도 아름다운 꽃들을 풍성하고 자연스럽게 배치하여 꾸밈없는 순수한 아름다움을 연출하였다. 작은 아치형 구조물과 목제 울타리, 낮은 담장, 아기자기한 화분들 역시 시골집 특유의 정취를 한껏 살려주었다. 특히 19세기 중후반 들어 다양한 식물과 씨앗을 쉽게 구할 수 있게 되면서, 코티지 가든의 매력은 중산층을 중심으로 더욱 빠르게 확산되었다. 이 양식은 오늘날까지도 영국 정원의 전통적인 아름다움을 상징하는 대표적 스타일로 널리 사랑받고 있다.

거트루드 지킬과 현대 정원 예술

아트 앤 크래프트 운동에서 촉발된 정원문화는 거트루드 지킬Gertrude Jekyll, 1843-1932의 손길을 통해 더욱 체계화되었다. 화가를 꿈꿨던 그녀는 뛰어난 미적 감각과 섬세한 색채 사용으로, 이전까지의 정원 디자인을 전혀 새로운 예술의 경지로 끌어올렸다. 특히 지킬이 구현한 경계화단border은 정원사들에게 오랫동안 깊은 영감을 주었다. 그녀는 여러해살이꽃과 초본류를 색상, 높이, 개화 시기별로 정교하게 계획하여 배치했고, 그 결과 식물들은 저마다의 특성을 뽐내면서도 전체적으로 하나의 회화 작품처럼 조화를 이루었다. 이 화단은 꽃과 잎, 줄기의 색채와 질감이 마치 화가의 팔레트 위에 펼쳐진 물감처럼 자연스럽게 어우러지는 풍경을 연출했다. 이런 '회화적 정원'은 오늘날까지도 영국식 정원하면 가장 먼저 떠오르는 대표적 스타일로 자리매김하고 있다.

지킬은 야생정원의 창시자인 윌리엄 로빈슨과의 긴밀히 교류하며, 식물의 자연스러운 생육 습성과 환경과의 조화를 중시하는 원칙을 자신만의 방식으로 발전시켰다. 식물을 지나치게 정형적으로 배치하지 않으면서도, 야생의 자연미를 유지하되 세련된 예술성으로 표현하는 방법을 익힌 것이다. 그녀는 꽃과 식물을 그저 미적 장식으로 나열하지 않았다. 지킬은 각각의 식물이 가진 개성과 주변 환경과 맺는 관계를 깊이 고려했고, 그것이 하나의 유기적인 풍경을 이루도록 세심하게 계획했다. 특히 그녀는 계절마다 변화하는 정원의 모습을 고려하여, 봄부터 겨울까지 끊임없이 새로운 풍경이 펼쳐질 수 있도록 식물을 배치하였다. 예를 들어, 봄에는 튤립과 수선화가 밝고 생기 있는 색채로 시작되고, 여름에는 장미와 라벤더가 우아함을 더하며, 가을에는 국화와 달리아가 풍성한 느낌을 자

거트루드 지킬 초상화. 윌리엄 니콜슨(1920년 작, 영국 국립초상화박물관 소장). 뛰어난 색채 감각과 섬세한 식재 디자인으로 현대 정원 예술을 개척한 지킬은 정원을 살아 있는 예술로 끌어올렸다. ©National Portrait Gallery / Wikimedia Commons

아낸다. 그리고 겨울에는 서리 내린 씨앗 머리가 마지막 장면처럼 정원을 마무리한다. 이처럼 지킬은 정원을 정지된 공간이 아니라, 계절의 변화에 따라 끊임없이 호흡하며 변모하는 살아 있는 예술 작품으로 바라보았다.

그녀는 전통적인 영국의 코티지 가든에서 영감을 받아 이를 현대적 미학과 원예술로 재해석했다. 본래의 코티지 가든이 자연 발생적이고 자급자족을 위한 공간이었다면, 지킬은 이러한 전통을 존중하면서도, 식물의 배치와 색채 조화를 철저히 계획하여 정원을 예술적 차원으로 끌어올렸다. 그 결과 지킬의 손을 거친 코티지 가든은 본래의 자연스러움과 풍성함은 유지한 채 한층 더 세련되고 정제된 미감을 구현하였다.

지킬의 정원이 한층 더 높은 평가를 받은 데에는, 당대의 신진 건축가였던 에드윈 러티언스Edwin Lutyens, 1869-1944와의 탁월한 협업이 큰 몫을 했다. 지킬이 식물의 섬세한 배치로 정원의 아름다움을 책임졌다면, 러티언스는 그 식물을 품는 공간의 구조와 질서를 설계함으로써 정원의 무대를 완성했다. 러티언스는 정원을 기하학적 구조와 축선, 단정한 테라스와 돌담, 아치와 퍼걸러 등으로 구획하여, 식물의 자연스러운 흐름이 더욱 또렷하게 드러나도록 조율했다. 서머싯Somerset의 헤스터콤Hestercombe이나 서리Surrey의 먼스테드 우드Munstead Wood는 이 두 사람의 협업이 빚어낸 대표적 걸작들

먼스테드 우드 정원의 경계화단. 조지 사무엘 엘굿 그림과 거트루드 지킬의 메모(1904년, 종다양성유산도서관 소장). 계절과 색채를 세심하게 계획하여, 여러해살이꽃과 초본류가 마치 화가의 팔레트처럼 조화롭게 펼쳐진 현대 영국 정원의 상징적 모습이다. ©Biodiversity Heritage Library / Wikimedia Commons

로, 이후 수많은 현대 정원의 모델이 되었다. '질서와 자연의 공존'을 실현한 이들의 정원은, 산업화로 메마른 도시 생활 속에 예술과 자연을 다시 불러오고자 한 아트 앤 크래프트 운동의 정신을 가장 아름답게 구현한 사례며, 정원을 일상의 편안한 휴식과 인간적 교감이 흐르는 문화의 장으로 자리매김하게 했다.

지킬은 정원을 가꾸는 일이 예술과 과학, 그리고 일상의 삶을 동시에 아우르는 복합적인 작업이라고 믿었다. 그녀는 이러한 신념을 바탕으로 여성 정원사로서 당대의 한계를 넘어서며, 새로운 시대의 가능성을 열기도 했다. 여성들이 정원 가꾸기에 주체적으로 참여할 수 있도록 다양한 실용 지식과 기술을 소개했고, 정원 일의 즐거움과 기술을 널리 알리기 위해 힘썼다. 윌리엄 로빈슨이 발간한 『정원The Garden』, 지금도 발간되고 있는 주간지

헤스터콤 정원. 거트루드 지킬의 세밀한 식재 예술과 에드윈 러티언스의 구조적 디자인이 조화를 이루어, '질서와 자연의 공존'이라는 정원의 이상적 모델을 제시하였다. ©xlibber / Wikimedia Commons

『전원생활Country Life』 잡지에 1,000편이 넘는 기고문을 실었으며, 저서 『나무와 정원Wood and Garden, 1899』을 통해 자신의 경험과 철학을 전파했다. 또한 지킬은 영국을 넘어 유럽과 미국 전역에 400곳이 넘는 정원을 조성하는 등, 이 같은 활동 덕분에 지킬은 예술성과 실용성을 겸비한 현대적 정원 개념을 정립한 인물로, 세계적으로도 깊은 영향을 미친 거장으로 평가받고 있다.

시싱허스트 캐슬 정원: 감성과 예술의 비밀의 정원

거트루드 지킬이 정원을 예술의 경지로 끌어올린 후, 20세기 영국의 정원문화는 그녀의 영향을 토대로 더욱 다채로운 실험과 시도를 이어갔다. 그중 가장 잘 알려진 사례는 유명 작가이자 저널리스트로 활동한 비타 색빌웨스트Vita Sackville-West, 1892-1962와 외교관 출신인 남편 해럴드 니콜슨Harold Nicolson, 1886-1968이 함께 조성한 시싱허스트 캐슬 정원Sissinghurst Castle Garden이다. 영국 상류사회에서 명망 있는 인사들이었으나 각각 성소수자였던 이들 부부는, 켄트Kent의 한적한 시골에 자리한 오래된 저택을 매입하여 자신들의 독특하고 은밀한 이상향을 구현하였다. 이들은 각자의 감성과 취향이 반영된 정원을 통해 사회적 통념을 넘어선 삶의 방식과 아름다움에 대한 새로운 비전을 제시하였다.

비타 색빌웨스트는 지킬의 정원 철학과 디자인 방식에서 많은 영감을 받았다. 특히 지킬의 색채 조화와 식물 배치에 대한 섬세한 접근을 면밀히 연구하며, 시싱허스트에 '룸room'이라는 독특한 개념의 디자인을 도입하였다. 색빌웨스트는 정원을 집 안의 여러 방처럼 나누어, 각 공간에 뚜렷한 테마와 감성을 부여했다. 이처럼 구성된 정원 방은 독립적인 정서와

비타의 탑(Vita's Tower)에서 내려다 본 시싱허스트 캐슬 정원. 해럴드 니콜슨이 생울타리를 사용해 기하학적인 틀을 마련하고, 그 안에 비타 색빌웨스트가 다양한 식물로 각기 다른 분위기의 정원을 연출하고 있다. ©정해준

분위기를 지니며, 방문객들은 방에서 방으로 이동할 때마다 전혀 다른 감각적 경험을 하게 된다. 그중에서도 가장 잘 알려진 곳은 화이트 가든White Garden이다. 흰색과 은색 계열의 식물만으로 이루어진 고요하고 세련된 공간으로, 특히 달빛이 비칠 때면 환상적인 빛의 정원으로 변모한다. 반면 로즈 가든Rose Garden은 다양한 색채와 향기의 장미들로 가득 찬 로맨틱하고 생기 넘치는 분위기를 선사한다.

해럴드 니콜슨은 건축적인 질서와 명확한 구조를 중시하여, 정원에 정형식formal 디자인 원칙을 적용하였다. 그는 생울타리를 활용해 기하학적인 축선과 구조적 틀을 만들고, 이 속에 비타의 자유롭고 섬세한 식재 방식을 조화롭게 담아냈다. 이처럼 서로 다른 두 사람의 취향이 교차하며, 시

시싱허스트 캐슬 정원의 화이트 가든. 흰색과 은색 계열의 식물들로 구성된 이곳은 방문자에게 고요하고 세련된 감성을 전하며, 특히 달빛 아래에서 정원의 예술적 감성을 고조시킨다. ©정해준

싱허스트는 정형성과 자연주의가 절묘하게 어우러진 독특한 정원 양식을 완성하게 된다. 이러한 조화는 거트루드 지킬의 식재 예술과 아트 앤 크래프트 운동의 영향 아래 발전한 것으로, 정원이 단지 식물을 모아 놓은 공간을 넘어 사람의 감정과 경험을 디자인하는 공간으로 한층 발전했음을 보여준다. 또한, 정원을 방으로 나누어 각기 다른 정서와 테마를 부여한 방식은 이후 수많은 현대 정원 디자인에 영향을 미쳤으며, 개인의 취향과 감성을 표현하는 무대로 정원의 역할을 더욱 확장시켰다.

오늘날 시싱허스트 캐슬 정원은, 정원이 예술과 감성을 품은 생활공간으로 진화했음을 보여주는 사례로 평가받는다. 거트루드 지킬로부터 시작된 현대 정원문화의 흐름이, 시싱허스트를 통해 보다 구체적이고 일상적인 형태로 실현되며, 정원의 새로운 역할과 가능성을 제시한 교과서로 불릴 만한 모델이 되었다.

근현대 예술사조 속 정원

20세기에 접어들면서 인류는 전통적 형식과 권위의 틀에서 벗어나, 예술 전반에 걸쳐 모더니즘Modernism이라는 급진적인 변화의 물결을 맞이하게 되었다. 정원 역시 이러한 시대정신에서 예외일 수 없었다. 모더니즘이 지닌 합리주의, 기능성, 그리고 기계 문명에 대한 낙관주의는 정원의 전통적 형식을 간결하고 실용적인 공간으로 바꾸어 놓았다.

모더니즘 정원은 이탈리아나 프랑스식의 정형식 정원, 혹은 영국 풍경식 정원의 웅장한 규모와 화려한 장식에서 벗어나, 극도의 절제와 단순함을 추구하는 공간으로 거듭났다. 대규모 화단이나 화려한 조각 대신, 평탄한 잔디와 최소한의 식재, 수조pool, 날렵하고 직선적인 담장과 포장재와 같은 인공 구조물이 중심이 되었고, 이는 정원의 기능성과 미니멀한 미감을 더욱 부각시켰다. 식물의 자연미보다는 공간의 추상성과 건축적 형태미를 중시하며, 정원을 일상의 실용적 공간이자 예술적 표현의 무대로 재정의한 것이다.

프랑스의 정원 디자이너 가브리엘 게브레키안Gabriel Guevrekian, 1892-1970은 정원 디자인의 전통적 요소에서 과감히 벗어나, 빌라 노아이유Villa Noailles, 1927에서 색색의 기하학적 패턴과 추상적인 형태로 공간을 구성하였다. 이 정원은 식물보다는 구조와 공간 자체의 아름다움과 기능에 집중했다. 미국의 가렛 에크보Garrett Eckbo, 1910-2000는 캘리포니아의 주택 정원들예: ALCOA Forecast Garden, 1959을 통해 실험적인 공간 배치와 재료의 기능적 활용을 강조하며, 현대인의 생활양식을 반영하고자 했다. 이러한 실험적이고 기능 중심의 모더니즘적 접근은 브라질의 로베르토 부를리 막스Roberto Burle Marx, 1909-1994에 이르러 한층 예술적이고 독창적인 경지로 진화한다. 막스는 리우데자네

가브리엘 게브레키안이 설계한 프랑스 빌라 노아이유의 큐비스트 정원(jardin cubiste). 식물보다는 공간과 기하학적 형태의 추상적 아름다움과 기능성을 강조한 모더니즘 정원의 모습을 잘 보여준다. ©Gnrc / Wikimedia Commons

이루 근교에 위치한 자신의 작업장 겸 정원인 시치우 로베르토 부를리 막스Sítio Roberto Burle Marx, 1973-1994, 2021년 유네스코 세계유산으로 등재에서 식물의 형태와 질감, 색채를 기하학적이고 추상적인 예술 작품처럼 구성하였다. 직선과 곡선을 유기적으로 연결하고, 대담한 색상 대비와 질감의 조합을 통해 자연을 현대적 예술로 승화시킴으로써, 식물의 아름다움뿐 아니라 공간의 형태까지 미학적으로 구현한 모더니즘 정원의 뛰어난 성취로 평가받고 있다.

모더니즘의 이러한 접근법은 결국 정원을 미적 공간을 넘어, 인간의 생활과 밀접히 연결된 기능적이고 실용적인 장소로 재정의하는 계기가 되었다. 건축가 미스 반 데어 로에Ludwig Mies van der Rohe, 1886-1969가 "적을수록 풍요롭다Less is more"라고 했듯이, 모더니즘 정원 역시 간결하고 명확한 아름다움을

시치우 로베르토 부를리 막스. 브라질 리우데자네이루 근교에 위치한 로베르토 부를리 막스의 작업장 겸 정원. 40여 년간의 실험과 창작을 통해 3,500여 종의 열대 및 아열대 식물을 수집하고 배치하며, 곡선과 대담한 색채, 식물의 질감과 형태를 기하학적이고 추상적인 예술로 표현한 모더니즘 정원의 중요한 성과를 이루었다. ©IPHAN / SRBM

통해 정원의 개념과 역할에 새로운 가능성을 제시했다.

시간이 흐르면서 포스트모던Postmodern 예술가들은 정원을 '개념적 캔버스conceptual canvas'로서 활용하기 시작했다. 포스트모더니즘 특유의 탈규범성과 다양성은 정원의 전통적 경계를 허물었고, 예술가들은 자유롭고 도발적인 시도를 통해 정원을 전혀 새로운 방식으로 재구성했다.

전통적인 화단이나 분수 대신, '자연 그대로의 돌무더기'를 통해 자연의 순환과 일시성을 표현하거나, 관객이 직접 걷고 체험하며 개념적 메시지를 탐구하게 하는 참여형 정원이안 해밀턴 핀레이Ian Hamilton Finlay, 1925-2006, 리틀 스파르타(Little Sparta, 1966), 그리고 블랙홀과 프랙탈과 같은 현대과학의 우주론적 아이디어를 스테인리스 구조물과 기하학적 지형 디자인으로 상징화해 표현한 공간찰스 젱스(Charles Jencks, 1939-2019), 우주론적 정원(Garden of Cosmic Speculation, 1989)까지 등장했다. 한편, 미국 서부 사막에서는 조각물이 자연 속에서 침식되며 시간의

찰스 젱스(Charles Jencks)의 '우주론적 정원' 중 '우주 캐스캐이드(Universe Cascade)' 부분. 현대 우주론과 자연의 형태를 정원의 지형과 구조물로 표현하며 포스트모던 정원의 개념적 가능성을 탐구한다. ©John Lord / Flickr

흐름을 작품 일부로 삼는 대지예술Land Art의 작품로버트 스미드슨(Robert Smithson, 1938-1973), 스파이럴 제티(Spiral Jetty, 1970)이 나타나, 정원이 자연환경과 결합한 거대한 예술로 확장될 수 있음을 보여주었다.

여기서 한 걸음 더 나아가, 프랑스의 조경가 질 클레망Gilles Clément은 정원을 인간이 디자인하고 통제하는 공간이 아니라, 자연의 힘과 생태적 우연성을 수용하는 실험의 장으로 제안하였다. 그의 '움직이는 정원Le Jardin en mouvement' 개념은 인간의 관리와 개입을 최소화한 채, 식물들이 스스로 번식하고 자유롭게 공간을 변화시킬 수 있도록 허용함으로써 자연이 지닌 역동적이고 자발적인 아름다움을 드러낸다. 클레망의 정원은 생태학적 상호작용을 중심으로, 자연과 인간의 공생 가능성을 탐색하는 포스트모더니즘 정원의 또 다른 가능성을 제시한 것이다.

프랑스 파리 앙드레 시트로엥 공원(Parc André-Citroën)에 질 클레망이 구현한 '움직이는 정원' 개념이 적용 된 연속 정원(jardins sériels). 인간의 통제를 최소화하고 자연의 자발적이고 역동적인 생태적 변화를 수용하는 포스트모던 정원의 특성을 보여준다. ©정해준

결국, 모더니즘 이후의 정원은 전통적 양식이나 장식적 기능을 넘어, '개념과 감각'을 자유롭게 실험하는 무대로 확장되었다. 어떤 정원은 기하학적 형태를 극단까지 밀어붙이며 의도적으로 반反자연적인 공간으로 연출하고, 또 어떤 정원은 대지예술과 결합해 방대한 자연 현장 자체를 예술의 무대로 변모시킨다. 이처럼 인간의 예술적 개입과 자연 그 자체 사이의 미묘한 긴장을 담아낸 포스트모던 정원들은 우리에게 "정원과 자연, 인공과 예술의 경계는 어디까지인가?"라는 철학적 질문을 끊임없이 던진다. 이제 정원은 단지 식물과 조형물을 배열한 공간이 아니라, 건축, 미술, 철학, 생태, 과학 등 다양한 분야와의 융합을 통해 무한한 가능성을 실험하는 장소로 진화하고 있다.

프로스펙트 코티지(Prospect Cottage). 설치 미술가이자 영화감독 데릭 저먼(Derek Jarman, 1942-1994)이 영국 던지니스의 자갈 해변 위에 조성한 정원으로, 자연의 거친 질감과 개인적 서사를 융합하여 '정원과 자연, 인공과 예술의 경계'에 대한 질문을 던진다. ©정해준

이런 새로운 인식 확산은 정원 디자이너Garden Designer라는 직업에 대한 관심으로 이어졌다. 과거에는 정원 조성이 원예사나 가드너의 전문기술과 귀족적 취향이 더해진 수준에 머물렀다면, 근대 이후로는 정원 역시 건축이나 회화처럼 고유한 미학과 스타일을 지닌 하나의 예술로 인식되기 시작했다. 다양한 지식이 요구되는 종합예술로서의 정원은, 디자이너들에게 창의력을 마음껏 펼칠 수 있는 무대가 되었다.

전 세계가 주목하는 가든쇼

이 같은 흐름을 더욱 가시화한 것이 바로 가든쇼Garden Show의 등장이다. 영국의 정원 문화를 이끌어온 왕립원예협회Royal Horticultural Society; RHS가 1912년부터 개최해 온 첼시 플라워 쇼Chelsea Flower Show는, 지난 100여 년 동안 혁신적이고 창의적인 정원 디자인이 펼쳐지는 대표적인 경연의 장이 되었다. 세계 유수의 디자이너들이 실험적인 재료와 조형물, 그리고 식물 조합을 통해 정원의 새로운 가능성을 열어 가고, 관람객들은 그 다채로운 결과물을 마치 예술 전시회 감상하듯 경험한다. 매년 봄, 런던 템즈 강변 첼시 지역의 왕립병원 부지에 임시로 조성되는 정원들은 실용적인 아이디어부터 극도로 예술적이거나 개념적인 구상까지 폭넓은 스펙트럼을 자랑하며, 정원도 패션처럼 매년 트렌드가 바뀔 수 있음을 전 세계에 알리는 중요한 무대가 되었다.

프랑스에서도 국제 규모의 가든쇼인 쇼몽가든 페스티벌Chaumont-sur-Loire Garden Festival이 매년 열리고 있다. 1992년부터 시작된 이 축제는 유서 깊은 쇼몽 성Château de Chaumont을 배경으로, 해마다 새로운 주제 아래 전 세계 정

2023년 첼시 플라워 쇼에 출품되어 최고 쇼가든(Best Show Garden)을 수상한 '호라시오의 정원(Horatio's Garden)'. 치유와 위안을 주제로, 자연스러운 식재와 섬세한 디자인을 통해 정원의 사회적 역할과 예술적 가치를 탐구한 작품이다. ©정해준

원 디자이너들이 자연과 예술의 융합을 시도하는 실험의 무대를 펼친다. 현대미술 설치 작품을 연상케 하는 파격적인 조형물부터, 친환경 건축기법을 적용한 혁신적 식재 방법까지, 가히 정원 디자인의 최전선을 생생하게 경험할 수 있는 공간이다. 이곳에서 선보인 정원들은 고정관념에 구애되지 않는 실험정신으로, 정원이 또 하나의 예술이자 창조적 실천의 장이 될 수 있음을 강렬하게 드러낸다.

첼시 플라워 쇼나 쇼몽가든 페스티벌 같은 국제 가든쇼는, 정원 역시 시대 흐름에 따라 끊임없이 진화하는 살아 있는 예술임을 보여준다. 복잡한 일상과 전 지구적 위기의 시대, 작은 정원 한 조각이 사람들에게 깊은 위로와 영감을 줄 수 있다는 사실이 이 무대를 통해 재발견되고 있다. 공간디자인, 생태학, 현대미술, 공연 연출 등 다양한 영역이 한데 어우러져

2023년 쇼몽가든 페스티벌에서 선보인 프랑크 세라가 디자인한 '불의 대지(Terre de Feu)' 정원. 산불 이후 자연의 회복과 재생력을 주제로, 불탄 나무와 새롭게 자라는 식물들을 통해 희망과 생태적 복원을 상징적으로 표현했다. ©정해준

만들어지는 가든쇼는, 정원이 취미나 장식 이상의 가치를 지닌다는 사실을 자연스럽게 입증해 준다.

오늘날의 정원문화는 전통을 계승하면서도 새로운 예술과 과학기술을 품에 안고, 언제든 다시 태어나는 살아 있는 예술로 자리 잡았다. 크고 작은 정원의 디자이너들은 이 무대 위에서 저마다 독창적인 철학과 미학을 펼치며, 정원이라는 보편적 공간이 줄 수 있는 무한한 가능성과 기쁨을 선물한다. 이렇게 형성된 열기와 감각은 곧 일상으로 스며들어, 우리 각자가 작은 마당이나 베란다 화분에서라도 자신만의 정원이라는 축제를 이어갈 수 있게 한다.

정원 속 예술의 확장

19세기 말 이후 정원은 개인의 미학적 취향과 예술적 상상력이 결합된 무대로 거듭났다. 화가처럼 색과 질감을 다루고, 조각가나 건축가처럼 공간을 계획하며, 때로는 대지예술의 거대 스케일까지 담아내기도 했다. 그 과정에서 정원은 왕과 귀족의 소유물이 아니라, 누구나 즐기는 '생활 예술'이 될 수 있음을 보여주었다.

그러나 여기서 이야기가 끝나지는 않는다. 예술이라는 이름으로 정원이 벌여 온 실험들은, 더 넓은 사회와 환경을 향해 계속 확장되어 왔다. 작은 앞마당의 화단이나 도시 한구석의 텃밭에서 시작된 움직임이 공동체를 바꾸고, 심지어 전 지구적 문제와도 연결되고 있다. 전쟁과 경제위기, 환경 파괴와 기후위기에 이르기까지, 정원은 시대 변화를 반영하면서 동시에 더 나은 미래를 위한 작은 실천을 이끌어 왔다. 이제 정원이 어떻게 개인의 예술적 취향을 담은 공간에서 공동체와 자연을 잇는 사회적, 생태적 공간으로 자리 잡았는지, 다음 장에서 함께 살펴보려 한다.

12장

정원의 새로운 시대:
작지만 위대한 실천

12장
정원의 새로운 시대: 작지만 위대한 실천

생활 속으로 스며든 정원

20세기에 접어들면서 정원은 더 이상 귀족과 상류층만의 전유물이 아니었다. 도시화와 교외화의 물결을 타고, 정원은 점차 일반 시민들의 일상 속으로 자연스럽게 스며들었다. 자동차의 보급과 교외 주택단지의 확산은 소규모 개인 정원을 일상적인 주거 형태의 일부로 자리 잡게 했고, 과거 대저택의 화려한 정원을 대신해 아담하고 실용적인 마당 정원이 대중화되기 시작했다. 이러한 변화 속에서 정원은 미적 공간 이상의 역할을 맡게 되었다. 가족 구성원들의 휴식과 여가, 이웃 간 사회적 교류의 장소이자, 때로는 텃밭 가꾸기를 통한 자급자족의 공간으로 기능하며 삶의 일부가 되었다.

특히 20세기 중반, 두 차례의 세계대전과 경제 대공황Great Depression, 1929-1939은 정원의 사회적 가치를 한층 더 확장시키는 전환점이 되었다. 제2차 세계대전 당시, 영국과 미국을 비롯한 여러 국가에서는 전쟁 물자 부족과 식량 위기를 극복하기 위해 국가 차원의 캠페인을 펼쳤다. 사람들은 집 앞 정원의 잔디와 꽃 대신 채소와 곡물을 심었고, 도시의 공원조차 승리 정원Victory Garden으로 바꾸어 생산의 공간으로 활용했다. 이 캠페인은 식량 부족을 해소하기 위한 실용적 조치였지만, 결과적으로 정원이라는 일상의 공간이 공동체의 생존과 협력, 연대의 상징으로 거듭나는 중요한 계

승리정원(Victory Garden) 캠페인 포스터(1943년 작, 보스턴 공립 도서관 소장). 제2차 세계대전 중 정원이 전쟁 물자 부족과 식량 문제를 해결하는 실천의 장으로 변화한 모습을 보여준다. ©U.S. Government Printing Office / Wikimedia Commons

런던 켄싱턴 가든(Kensington Gardens)에 조성된 텃밭(1942년 촬영, 임페리얼 전쟁박물관 소장). 2차 세계대전 당시 꽃과 잔디로 채워졌던 공원과 정원이 영국 정부가 주도한 '승리를 위한 경작(Dig for Victory)' 캠페인으로 텃밭으로 바뀌면서, 정원이 장식 공간을 넘어 공동체의 생존과 협력을 위한 실천의 장으로 자리 잡게 되었다. ©Imperial War Museums / Wikimedia Commons

기가 되었다. 전쟁이 끝난 뒤에도 텃밭을 가꾸고 수확물을 이웃과 나누는 문화는 자연스럽게 일상에 남았으며, 이는 정원이 공동체의 유대감을 키우고, 지속 가능한 삶의 가치를 실천하는 장으로 기능할 수 있음을 보여주었다. 정원이 미적 가치를 넘어 사회적, 환경적 가치를 지닌 생활공간이 될 수 있음을 일깨워 준 것이다.

정원, 여가와 문화적 삶의 무대가 되다.

1950~60년대, 전후 복구와 경제성장이 도시와 교외 지역을 빠르게 변화시키는 가운데, 정원은 더욱 실질적이고 가족 중심적인 생활공간으로 거듭났다. 새롭게 형성된 교외 주택단지에서는 거실과 곧바로 연결된 테라스와 데크, 바비큐 파티를 위한 넓은 잔디밭, 가족 여가를 위한 수영장과 마련된 정원이 중산층 가정의 필수 요소로 정착하였다. 정원은 이제

토마스 처치(Thomas Church)가 설계한 도넬 가든(Donnell Garden, 1948). 미국 캘리포니아 소노마의 정원으로, 자유로운 곡선의 수영장과 개방적인 공간 구성은 전후 미국 교외 주택정원의 상징이 된 '캘리포니아 스타일'을 대표하며, 정원이 가족의 여가와 문화적 삶을 담는 무대로 변모했음을 잘 보여준다. ©morisius cosmonaut / Flickr

가족과 이웃이 모여 휴식하고 소통하며 여가를 즐기는, 소규모의 일상적 휴양지로 기능하게 된 것이다. 특히 미국에서는 교외화suburbanization가 급속도로 진행되면서, 이른바 캘리포니아 스타일California Style의 주택 정원이 주목받기 시작했다. 이 정원은 화려한 장식보다는 실용성과 편안함을 우선시하며, 밝고 개방적인 공간 구성으로 실내 생활을 자연스럽게 야외로 확장한 것이 특징이었다. 이러한 현대적 디자인은 가족 중심의 여유로운 라이프스타일과 조화를 이루며, 전후 미국 중산층의 일상과 문화에 풍요로움을 더하는 데 크게 기여했다.

생태적 전환과 시민 참여

1960~70년대, 환경운동과 생태주의가 확산되면서 정원은 또다시 그 사회적 의미를 확장하게 되었다. 화학비료와 제초제가 환경에 미치는 부정적인 영향이 널리 인식되면서, 이를 최소화하거나 아예 사용하지 않는 친환경적인 정원 가꾸기가 본격화되었다. 대신 토종식물, 수분 친화적 식물, 식용 가능한 식물 등을 적극적으로 심어 지역 생태계와 연결하고 생물다양성을 높이는 생태정원ecological garden이 등장했다.

또한, 도시농업, 커뮤니티 가든, 게릴라 가드닝 등 시민이 주체가 되는 참여형 운동이 활발해지면서, 정원은 도시의 생태계를 회복하고 이웃 간 교류를 복원하는 생활문화의 장으로 부상했다. 이와 관련해 1970년대 뉴욕에서 리즈 크리스티Elizabeth Liz Christy, 1945-1985가 시작한 게릴라 가드닝Guerrilla Gardening은 낙후된 지역의 버려진 빈터를 정원으로 바꾸는 혁신적인 시민운동이었다. 특히 흙과 씨앗을 뭉쳐 만든 씨드 밤seed bomb을 활용해 아스팔트

리즈 크리스티 정원(Liz Christy Garden). 미국 뉴욕시 최초의 커뮤니티 정원으로 리즈 크리스티가 뉴욕시에 월 1달러에 빈 땅을 정원으로 만들 수 있는 권한을 청원한 데서 유래한 정원이다. 1985년, 암으로 사망한 크리스티를 기리기 위해 Bowery-Houston Community Farm and Garden이라는 정원 이름이 변경되었다. ©Garrett Ziegler / Flick

틈새나 버려진 공간에 식물을 심는 창의적이고 즉흥적인 방식은 도시 풍경을 바꾸는 상징적인 행동으로 주목받았다. 이 운동은 정원 가꾸기의 영역을 개인의 울타리를 넘어 공공 공간으로 확장하며, 삭막한 도시 곳곳에 활기를 불어넣었다. 그 물결은 국경을 넘어 세계 여러 도시로 번져, 버려진 공간들을 생명력 넘치는 풍경으로 되살려냈다.

위기의 시대, 정원의 새로운 가능성

21세기에 접어들며, 기후 위기와 생물다양성 감소라는 전 지구적 과제가 부각되면서 정원은 새로운 역할과 의미를 부여받고 있다. 작은 마당과 옥상 같은 제한된 공간이라도 토종 풀과 나무를 심어 지역 생태계를 복원하고, 벌과 나비 등 곤충의 서식처를 마련하는 등 일상 속에서 실천 가능한 생태 정원Ecological Garden이 새로운 관심의 중심에 서게 된 것이다.

이런 흐름 속에서 최근 주목받는 뉴 페레니얼New Perennial 운동은 정원에 대한 현대인의 관념을 다시 한번 혁신적으로 바꾸고 있다. 뉴 페레니얼은 여러해살이꽃과 그라스를 자연스러운 모습으로 군락을 이루게 심어 생태적 다양성을 강조하는 자연주의 정원 미학이다. 네덜란드 출신 정원 디자이너 피트 아우돌프Piet Oudolf는 이 운동을 대표하는 인물로, 봄과 여름의 화려한 꽃뿐 아니라 가을과 겨울에 식물이 시들어가는 과정마저도 '아름다운 쇠퇴'로 바라보며, 사계절의 흐름 전체를 정원의 일부로 포용한다. 뉴 페레니얼 정원은 생태적 건강성과 시각적 아름다움, 그리고 감성적 깊이를 동시에 담아내며, 환경 위기 시대에 더욱 의미 있는 정원의 미래상을 제시하고 있다.

한편, 2020년 전 세계를 덮친 코로나 19 팬데믹은 정원의 사회적 의미와 개인적 가치를 다시금 일깨워주었다. 외출이 제한되고, 일상적 만남이 멈춰선 그 시기, 사람들은 집 가까이에서라도 자연과 연결되기를 간절히 바랐다. 갑작스레 고립된 일상 속에서 정원은 유일하게 허락된 치유의 공간이 되었고, 씨앗을 심고 식물을 돌보는 작은 행위들이 새로운 위안이자 생명과의 교감으로 다가왔다. 팬데믹 초기, 세계 곳곳에서 씨앗과 원예 용품이 품절 사태를 빚을 만큼 정원 가꾸기와 텃밭 만들기는 폭발적인 관심을 끌었고, 도심의 발코니와 옥상, 작은 창가까지도 초록으로 채워졌다. 비록 거리 두기로 서로의 손은 닿을 수 없었지만, 이 시기 정원은 사람들에게 다시 삶을 일구는 감각, 자연과의 연결을 회복하는 기회를 안겨주었다.

영국 하우저 & 워스 서머싯(Hauser & Wirth Somerset)의 자연주의 정원. 피트 아우돌프가 디자인한 정원으로 지속 가능한 식재 방식과 자연 생태를 존중하는 디자인으로, 현대 정원의 새로운 가능성을 보여주고 있다. ©정해준

영국 셰필드 도심의 '그레이 투 그린(Grey to Green)' 사업으로 조성된 빗물정원. 삭막했던 회색 도로 공간을 녹색 기반시설로 전환하여, 도시 내 홍수 위험을 낮추고 생물다양성을 높이는 동시에 시민들에게 친환경적인 도시 환경을 제공하고 있다. ©정해준

사람들은 크고 작은 정원에서 실내 생활의 답답함과 고립에서 오는 불안을 해소했고, 그 과정에서 정원이 인간과 자연을 잇는 본질적인 삶의 장임을 다시금 확인하게 되었다. 정원을 매개로 한 새로운 일상의 경험은 단순한 생활 변화에 그치지 않았다. 그것은 환경을 대하는 우리의 태도와 감수성을 서서히 바꾸어 놓는 중요한 계기가 되었다.

변화 속에서 변하지 않는 것

이렇듯 현대의 정원은 더 이상 개인의 울타리에 머물지 않는다. 한 가

정의 취향과 개성을 담아내 무대가 되는가 하면, 전쟁 시기에는 공동체 생존과 협력을 위한 터전으로, 환경 위기에 맞선 시민 참여 운동의 거점으로 확장되기도 한다. 오늘날 정원은 그 어느 때보다 다채로운 얼굴을 지니며, 우리가 소중히 여기는 가치와 그것을 일상 속에 어떻게 구현하는지를 비추는 살아 있는 거울이 되었다.

그러나 겉모습과 용도가 아무리 달라져도, 정원을 이루는 본질은 크게 달라지지 않았다. 그것은 한 그루 나무 한 포기 꽃에 담긴 '존중'이며, 자연과 교감하고 계절의 변화를 온몸으로 느끼려는 '경험'이다. 이 두 가치는 화려한 장식 정원이든, 야생정원이든, 코티지 가든이든, 모던 가든이든, 양식의 차이를 뛰어넘어 인간과 자연이 함께 어우러지는 공간으로 구현된다. 결국 사람들은 정원을 통해 인간의 손길과 자연의 원리가 조화롭게 어우러진 세상 속에 자신이 놓여 있음을 새삼 깨닫게 된다. 바로 이 지

스카이 가든(Sky Garden). 영국 런던의 20 펜처치 스트리트 빌딩 최상층에 조성된 이 정원은 도심 속 제한된 공간에서도 자연과 공존할 수 있는 현대 정원의 새로운 가능성을 제시한다. ©정해준

웰빙 가든(Wellbeing Garden). 영국 왕립원예협회 위즐리 가든에 조성된 이 정원은 자연과의 교감을 통해 현대인의 심리적 안정과 신체적 건강을 돕기 위해 디자인되었다. 부드러운 곡선과 자연스러운 식재가 특징으로, 정원의 치유적 가치를 잘 보여준다. ©정해준

달스턴 이스턴 커브 가든(Dalston Eastern Curve Garden) 런던 달스턴 지역의 도심 재개발 과정에서 생겨난 버려진 철도 부지를 주민들의 자발적 참여로 되살린 커뮤니티 정원으로, 이웃과 자연이 함께 어우러지는 도심 속 휴식처로 자리 잡았다. ©정해준

점이, 정원이 소수를 위한 공간을 넘어 시민사회의 문화적이고 환경적인 실천 무대로 자리 잡게 된 이유이자, 우리가 앞으로 정원을 통해 만들어 갈 새로운 이야기들의 출발점이라 하겠다.

우리 모두의 정원을 위하여

지난 긴 여정을 통해 우리는, 정원이란 비록 한 줌의 땅에 불과해 보일지라도 그 안에 담긴 이야기가 인류의 역사만큼이나 깊고도 다채롭다는 사실을 확인할 수 있었다. 고대 신화 속 이상향에서 제국의 권위를 상징하던 정원, 고요한 수도원과 찬란한 귀족 정원을 지나, 시민혁명과 산업혁명의 물결을 타고 마침내 모두를 위한 공공공원과 우리 곁의 작은 앞마당 정원에 이르기까지 정원은 어느 한 계층이나 특정 문화권에 머물지 않았다. 같은 수목과 흙으로 이루어졌지만, 시대와 장소에 따라 전혀 다른 얼굴을 지녔다. 누군가에게는 권위와 지배의 상징이 되었고, 또 다른 이에게는 일상의 고단함을 위로하는 조용한 안식처가 되었다.

그 변화 과정에서 정원은 자연과 인공, 예술과 과학, 개인과 공동체, 환경과 기술이 어우러지는 복합적 문화 플랫폼으로 자리매김했다. 과거 권력과 화려함을 과시했던 정원은 이제 도시 생태계를 복원하고, 공동체의 관계를 회복하며, 지역의 경제를 활성화하는 사회적 공간으로 재탄생하고 있다. 한편에서는 시민들이 손에 흙을 묻히며 텃밭과 커뮤니티 정원을 가꾸고, 다른 한편에서는 디지털 기술과 친환경 소재를 접목한 미래지향적 정원이 새로운 상상력을 펼쳐 보이고 있다. 정원은 여전히, 그리고 앞으로도, 인류가 더 나은 삶을 실험하고 그려 나가는 가장 작지만 깊은 무대가 될 것이다.

물론 정원을 어떻게 꾸미고 바라볼지에 대한 생각은 여전히 각자 다를 수 있다. 어떤 이는 중세 수도원의 클로이스터처럼 차분하고 경건한 공간을, 또 다른 이는 영국 전원의 낭만을 담은 풍경을 꿈꾼다. 그러나 중요한 것은 정원의 모양이나 크기가 아니라, 사람과 자연, 그리고 우리 자신에게 보내는 애정 어린 시선일 것이다. 그 작은 땅에 한 그루 나무를 심고, 철마다 피어나는 꽃을 기다리며, 때론 잡초를 뽑고 벌레를 살피다 보면, 우리는 자신의 삶과 주변 세계를 이해하고 돌보는 더 넓고 깊은 시야를 얻게 된다.

정원은 마법처럼 모든 문제를 해결해 주는 공간이 아니다. 하지만 의식적으로든 무의식적으로 우리는 그곳에서 쉼과 위안을 얻고, 작고 섬세한 자연 속에서 생명의 질서를 배운다. 한 발짝 더 나아가면, 정원이 주변 사람들과 공동체, 더 큰 자연과 함께 어우러지는 접점이 될 수 있음을 깨닫게 된다. 정원은 그저 누리는 대상이 아니라, 인간이 자연에 보답하는 과정이며, 자연을 바라보는 '열린 눈'이다.

이 책을 마무리하며, 독자 여러분 역시 각자의 삶 속에 있는 자신만의 정원을 떠올려 보길 권한다. 그것은 집 앞 작은 화분일 수도 있고, 이웃과 함께 가꾸는 텃밭이거나, 주말마다 찾아가는 공원 숲길일 수도 있다. 그곳에서 자라는 꽃과 나무, 바람과 햇빛을 느끼며, 정원에 담겨있는 인류의 오랜 이야기를 다시금 음미해 보길 바란다. 그러한 순간들이 쌓여가다 보면, 분명 더 나은 삶과 미래를 위해 우리가 지금 무엇을 할 수 있는지, 그리고 어떻게 자연과 더불어 살아갈 것인지를 구체적으로 그려볼 수 있을 것이다.

정원이라는 공간은 얼핏 보면 우리 삶의 아주 작은 일부처럼 보이지만,

사실 그 안에는 자연과 우주라는 무한한 이야기가 담겨 있다. 이 책을 덮고 난 뒤에도 여러분의 일상 속 정원은 계속해서 자라날 것이다. 잎새 하나하나가 품고 있는 빛과 바람이 결국은 우리 모두를 품는 새로운 희망의 씨앗이 되기를 기대해 본다. 이제 각자의 정원으로 돌아가 보자. 그리고 그 속에서 한 송이 꽃과 나뭇잎을 매만지며 저마다의 삶이 꿈꾸고 그려온 낙원의 풍경을 만나기를, 이 책을 마무리하며 진심으로 바란다.

참고문헌

참고문헌

Campbell, Gordon, Garden History: A Very Short Introduction (Oxford: Oxford University Press, 2019).

Chisholm, Linda A., The History of Landscape Design in 100 Gardens (Portland: Timber Press, 2018).

Drower, George, A History of Gardening in 50 Objects, Cheltenham: The History Press, 2021).

Gharipour, Mohammad, Persian Gardens and Pavilions: Reflections in History, Poetry and the Arts (New York: I.B. Tauris, 2020).

Girot, Christophe, The Course of Landscape Architecture: A History of our Designs on the Natural World, from Prehistory to the Present, (London: Thames and Hudson Ltd., 2016).

Haynes, Gordon, Landscape and Garden Design: Lessons from History (Dunbeath: Whittles Publishing, 2013).

Hobhouse, Penelope and Ambra Edwards, The Story of Gardening: A cultural history of famous gardens from around the world (London: Pavillion Books, 2019).

Hunt, John D., A World of Gardens (London: Reaktion Books, 2014).

Hunt, John D., The Making of Place: Modern and Contemporary Gardens (London: Reaktion Books, 2015).

ICOMOS, The Florence Charter: Historic Gardens and Landscapes (Florence: ICOMOS, 1982).

Impelluso, Lucia, Gardens in Art (Los Angeles: Getty Publications, 2007).

Jackson, John B., Discovering the Vernacular Landscape (London: Yale University Press, 1984).

Johnson, Matthew, Ideas of Landscape (Oxford: Blackwell Publishers, 2007).

Landsberg, Sylvia, The Medieval Garden (Toronto: University of Toronto Press, 2003).

Lane, Mark, Royal Gardens of the World: 21 Celebrated Gardens from the Alhambra to Highgrove and Beyond (London: Kyle Books, 2020).

Leslie, Michael and Hunt, John D., A Cultural History of Gardens (London: Bloomsbury Academic, 2013).

Mancoff, Debra, The Garden in Art (London: Merrell Publishers, 2011).

Martin, Geoffrey J., All Possible Worlds: A History of Geographical Ideas. 4th edn (New York: Oxford University Press, 2005).

Mayer, Laura, Capability Brown and the English Landscape Garden (Lonson: Shire Publications, 2011).

Parker, Stephen, England's Gardens: A Modern History (London: DK, 2023).

Rokeach, Milton, The Nature of Human Values (New York: Free Press, 1973).

Ruggles, D. Fairchild, Islamic Gardens and Landscapes (Philadelphia: University of Pennsylvania Press, 2007).

Stuart-Smith, Sue, The Well Gardened Mind: Rediscovering Nature in the Modern World (Glasgow: William Collins, 2021).

Tuan, Yi-Fu, Space and Place: The Perspective of Experience (London: Edward Arnold, 1977).

Turner, Tom, European Gardens: History, Philosophy and Design (London: Routledge, 2011).

Turner, Tom, Garden History: Philosophy and Design 2000 BC-2000 AD, (London: Routledge, 2004).

Woudstra, Jan, and Collin Roth, A History of Groves (London: Routledge, 2017).

고정희, 100장면으로 읽는 조경의 역사. 서울: 한숲.

성종상, 2023. 인생정원. 파주: 스노우폭스북스.

윤국병, 1997. 조경사. 서울: 일조각.

정영선, 2001. 서양조경사. 서울: 누리에.

한국조경학회, 2005. 서양조경사. 서울: 문운당.

황기원, 2011. 경관의해석. 서울: 서울대학교출판문화원.

저자소개

정해준 | hj.jung@kmu.ac.kr

영천의 작은 과수원에서 자라며 뒷동산 풀밭과 돌담길을 뛰놀던 유년 시절의 기억은 평생 정원을 사랑하고 탐구하게 된 출발점이 되었다. 고려대학교 환경생태공학부에서 공부한 뒤, 영국 셰필드 대학교 조경학과에서 역사 정원과 문화경관을 연구하여 박사학위를 받았다.

이후 한국과 영국을 비롯한 여러 국내외 기관에서 역사 정원과 문화경관 연구를 수행해 왔으며, 현재 계명대학교 공과대학 도시학부 생태조경학과 교수로 재직하며 학생들을 가르치고 있다. 인간과 자연의 끊임없는 대화를 통해 형성된 정원과 경관에 깃든 인문적·자연과학적 가치를 균형 있게 탐구하고 있으며, 국제기념물유적협의회(ICOMOS)와 국가유산청 등 국내외 전문가 패널로 활동하며 역사 정원과 문화경관의 보전 및 활용을 위한 자문과 정책 연구에도 참여하고 있다.

정원을 단순히 감상하는 대상이 아니라 인간의 역사와 문화를 담고 있는 특별한 공간으로 바라보며, 국내외 다양한 역사 정원을 직접 탐방하고 그 경험을 글과 강연을 통해 대중과 나누고 있다. 또한 여러 매체를 통해 아름다운 정원의 가치와 매력을 알리는 데 꾸준히 힘쓰고 있다.

이러한 활동의 결실 중 하나가 바로 이 책, 『정원인류』다. 시대와 문화를 가로지르며 정원이 우리 삶에 남긴 깊고 풍성한 흔적을 돌아보고, 우리가 앞으로 만들어갈 새로운 정원의 모습을 독자들과 함께 상상하는 즐거운 여정이 되기를 기대한다.